Ejercicios prácticos de conversación e interpretación español / japonés

Nivel Intermedio

Yoshie Homma
Yuhei Yasutomi
Enrique Almaraz Romo

SANSHUSHA

はじめに

　本書は会話形式で書かれたスペイン語に、学習者向けにアレンジした通訳練習を取り入れた、全15課の中級スペイン語の教科書です。スペイン人留学生マヌエルと日本人大学生敦子の自己紹介から始まり、カフェテリアでの会話、買い物、サッカーなど身近な話題からスペイン語の定型表現を学びます。スペイン人とのお花見、回転寿司、旅館滞在、新幹線の旅、明治神宮や浅草寺を案内するなどの課では、日本文化特有の言葉づかいをスペイン語で学びます。この他日本でのオリンピックの歴史を学ぶこともできます。会話を通してなら難しい表現も頭に入るものです。

　本書は、1ページ目が Diálogo（会話）、2ページ目が Vocabulario（語彙）と Gramática（文法）、3ページ目が Ejercicios y Composición（練習問題と作文）、4ページ目が Repaso y aplicación（復習と応用）、5ページ目が Ejercicios de conversación e interpretación（会話練習と通訳練習）、そして6ページ目が各課の文法をまとめた Lectura（読み物）と、主にスペインと日本の文化の違いに焦点を当てたコラムで構成されています。1つの課を通して、初級文法の復習と会話練習、さらには初級レベルの通訳練習ができるようになっています。

　日本を訪れるスペイン語圏の人々の数は増加傾向にあり、同時にスペイン語圏に留学する学生も増え、スペイン語会話の必要性は増しています。本書の目的は、初級スペイン語で学んだ知識を会話練習と通訳練習で発展させ、実践で活かすことです。

　本書は、本間が執筆したものに安富が総合的なアドバイスを加え、スペイン語の校閲と読み物はエンリケ・アルマラスが担当しました。三修社の松居奈都さんに適切なアドバイスをいただき本書が完成したことに感謝します。

2019年秋

著者

Índice

目次

Instrucciones
本書の使い方

本書の各課は次のように構成されています。

① **Diálogo**（会話）：次ページの **Vocabulario**（語彙）を参考に、会話文を読みます。
Vocabulario では固有名詞や、西日それぞれ独特の言い回しの説明のほか、接続法などやや難解な文法が使われている文の解説をしています。

② **Gramática**（文法）：初級で学んだ、直説法現在から接続法過去完了までを確認します。
例文は **Diálogo** から一部引用しているので、理解しやすくなっています。

③ **Ejercicios y Composición**（練習問題と作文）：**Gramática** に沿った練習問題と作文を行います。

④ **Repaso y aplicación**（復習と応用）：質問に答え、**Diálogo** の内容を復習します。
次に、この内容を自分に置き換える応用練習を行います。
自分にあてはまらない場合でも、想像の内容で **Diálogo** を完成させると学習効果が上がります。これは、次の **Ejercicios de conversación e interpretación**（会話練習と通訳練習）の準備にもなります。

※ **Palabras relacionadas**（関連用語）に、置き換えの参考となる語句があります。また、巻末の
Vocabulario relacionado（発展用語）も参考になります。

⑤ **[Nivel progresivo] Ejercicios de conversación e interpretación**
（[発展] 会話練習と通訳練習）：
Diálogo の内容を自分に置き換えることによって、さらなる会話力の向上につなげます。
詳しい練習方法は次ページに記載しています。

⑥ **Lectura**（読み物）：各課の **Gramática** を用いたスペイン語の読み物を講読し、文法事項の使われ方を確認します。

※巻末の Vocabulario relacionado（発展用語）には、サッカー用語やオリンピックの種目などのバリエーションが含まれており、置き換え練習のときに参考になります。
また、巻末には Interjecciones: expresiones de uso coloquial（間投詞：口語表現集）も収録しました。スペイン語を勉強してもなかなか間投詞はうまく使えないものです。この一覧を参考にして Ejercicios de conversación（会話練習）で使ってみると、生きたスペイン語らしくなるでしょう。

[Nivel progresivo] [発展]
Ejercicios de conversación e interpretación（会話練習と通訳練習）の使い方

① **会話練習**　：2人1組でパートを分担して（3人1組の課もあります）、会話練習を行います。最初はテキストどおりに、次に（　　　）内の語句を自分に置き換えて、会話練習をします。

② **反復練習**　：・音声を流し、1文ごとに止めて、テキストを見ずにスペイン語を繰り返します（**リピーティング**）。

　　　　　　　　・リピーティングを最後まで終えたら再度音声を流し、次はテキストを見ずにスペイン語をなぞるように言ってみます（**シャドーイング**）。疲れても音声を止めずに10秒程度休み、呼吸を整えてシャドーイングを再開します。

　※リピーティングもシャドーイングも、文の意味を考えるのではなく、音声に集中しましょう。

　※シャドーイングが苦手な場合、リピーティングだけでも聴き取りが向上し、スペイン語がなめらかに読めるようになる効果があります。

③ **通訳練習**　：・スペイン語を1文ずつ読み、続けて日本語にして読み上げる練習をします。慣れてきたら、スペイン語を1文聞くごとに音声を止め、日本語の意味を言う練習をします。

　　　　　　　　・次に、先生が日本語の意味を1文ずつ言い、学生はテキストを見ずにそれをスペイン語に訳します。必ずしもテキストと同じスペイン語である必要はなく、自分が言える表現でかまいません。

　通訳法を用いたこの会話練習は、スペイン語に耳が慣れ、スペイン語の表現がなめらかに口をついて出てくるのに効果があります。

　とはいえ、クラスサイズによっては時間が必要な練習法です。人数が多いクラスの場合、「1人がスペイン語を1文読み上げ、次の学生がその次の文を読み上げる」という練習をクラス全員で順番に行うと、スピーディに学習することができます。授業の進み具合によって、通訳練習と会話練習は自習にしてもよいでしょう。

　2週間で1課を終わらせるのが目安ですが、本書をお使いくださる先生方の使いやすいようにしていただければと存じます。

　※自習の方法：まずリピーティングをしてみましょう。リピーティングに慣れたら、シャドーイングの練習もしてみましょう。スペイン語の単語がはっきり聞こえ、スペイン語をなめらかに読めるようになります。

Países hispanohablantes

ISLAS CANARIAS

La Palma
Tenerife
• Sta.Cruz de Tenerife
Gomera
Teide
Las Palmas de
Gran Canaria
Hierro
Gran Canaria
Lanzarote
Fuerteventura

ESPAÑA
Islas
Canarias
Guinea
Ecuatorial
HISPANOAMÉRICA

Tijuana
Chihuahua
Guadalajara

ESPAÑA

Mar Cantábrico

Gijón
Santander
Guernica San Sebastián
FRANCIA

Oviedo •
ASTURIAS
CANTABRIA
• Bilbao
PAÍS VASCO
Vitoria
• Pamplona
Pirineos
ANDORRA

La Coruña
Santiago de Compostela
C.Finisterre
GALICIA
Lugo
Cordillera Cantábrica
León
NAVARRA
• Jaca
Aragón

Pontevedra
Burgos
Logroño
LA RIOJA
Huesca
Figueras
Gerona

• Vigo   • Orense
Astorga
Palencia
Esla
Sistema Ibérico
Soria•
Segre
CATALUÑA
Costa Brava

Miño
CASTILLA Y LEÓN
Zamora **Valladolid**
Duero
Ebro
• Zaragoza
• Lérida
Barcelona
Tarragona

• Oporto
Tormes
Medina del Campo
• Salamanca
Segovia
ARAGÓN
Tortosa
Costa Dorada

Ávila
Sistema Central
Guadalajara
Teruel

Coimbra
MADRID
MADRID
• Alcalá de Henares
Cuenca•
Castellón de la Plana
Mallorca
• Palma

PORTUGAL
Talavera de la Reina •
Aranjuez•
Tajo
• **Toledo**
CASTILLA-LA MANCHA
Júcar
Turia
VALENCIA
• Valencia
Ibiza
ISLAS BALEARES

Cáceres
EXTREMADURA
Mérida
Alcázar de San Juan
•
Guadiana
• Ciudad Real
Albacete
Formentera

C.da Roca • **LISBOA**
Badajoz
Sierra Morena
Segura
Alicante
Costa Blanca

Evora
• Córdoba
Guadalquivir
Elche•
Murcia
MURCIA

• Jaén
ANDALUCÍA
Sistemas Béticos
Cartagena

Huelva
Genil
Sistemas Béticos
Granada
MAR MEDITERRÁNEO

Sevilla
Mulhacén ▲
Sierra Nevada Almería

Málaga
Costa del Sol

• Cádiz

Algeciras
•Gibraltar
•Ceuta

OCÉANO ATLÁNTICO
MARRUECOS
• Melilla
ARGELIA

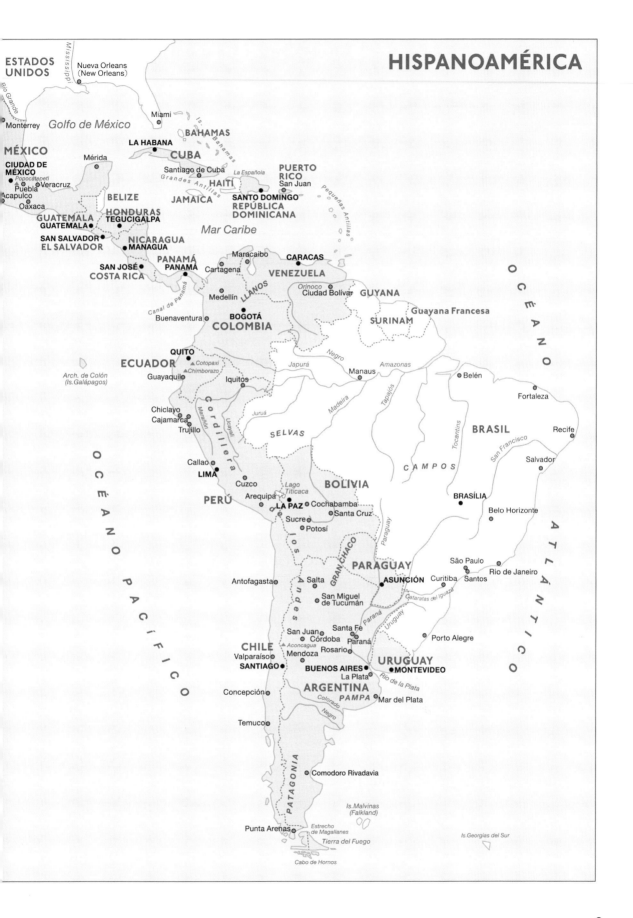

HISPANOAMÉRICA

ESTADOS UNIDOS
Nueva Orleans (New Orleans)
Mississippi
Golfo de México
Monterrey
Miami
BAHAMAS
Is. Bahamas
LA HABANA
CUBA
MÉXICO
CIUDAD DE MÉXICO
Mérida
Santiago de Cuba
La Española
PUERTO RICO
San Juan
Popocatépetl
rio Grande
Veracruz
Puebla
Grandes Antillas
HAITÍ
SANTO DOMINGO
REPÚBLICA DOMINICANA
Acapulco
Oaxaca
BELIZE
JAMAICA
Pequeñas Antillas
GUATEMALA
GUATEMALA
HONDURAS
TEGUCIGALPA
Mar Caribe
SAN SALVADOR
EL SALVADOR
NICARAGUA
MANAGUA
PANAMÁ
PANAMÁ
Maracaibo
CARACAS
SAN JOSÉ
COSTA RICA
Cartagena
VENEZUELA
Canal de Panamá
Medellín
LLANOS
Orinoco
Ciudad Bolívar
GUYANA
Buenaventura
BOGOTÁ
COLOMBIA
Guayana Francesa
SURINAM
QUITO
ECUADOR
Cotopaxi
Chimborazo
Negro
Japurá
Amazonas
Arch. de Colón (Is. Galápagos)
Guayaquil
Iquitos
Manaus
Belén
OCÉANO
Chiclayo
Cajamarca
Trujillo
Juruá
Madeira
Tapajós
Marañón
Ucayali
SELVAS
Fortaleza
BRASIL
Recife
Cordillera
Callao
LIMA
Cuzco
CAMPOS
San Francisco
Salvador
Tocantins
PERÚ
Arequipa
Lago Titicaca
BOLIVIA
BRASÍLIA
LA PAZ
Cochabamba
Belo Horizonte
Sucre
Santa Cruz
Potosí
Paraguay
Andes
los
GRAN CHACO
PARAGUAY
São Paulo
Rio de Janeiro
Aconcagua
Antofagasta
Salta
ASUNCIÓN
Curitiba
Santos
San Miguel de Tucumán
Cataratas del Iguazú
Paraná
OCÉANO PACÍFICO
San Juan
Santa Fe
Uruguay
Córdoba
Paraná
Porto Alegre
CHILE
Mendoza
Rosario
Atlántico
Valparaíso
SANTIAGO
BUENOS AIRES
URUGUAY
MONTEVIDEO
La Plata
Rio de la Plata
Concepción
ARGENTINA
PAMPA
Mar del Plata
Colorado
Negro
Temuco
PATAGONIA
Comodoro Rivadavia
Is. Malvinas (Falkland)
Punta Arenas
Estrecho de Magallanes
Tierra del Fuego
Is. Georgias del Sur
Cabo de Hornos

Autopresentación

自己紹介

内容 日本人の Atsuko とスペイン人の Manuel が、学生か、どこに住んでいるのか、家族はどうしているのかなどについて自己紹介し合います。

文法 直説法現在、se を使った無主語文

Diálogo 　会話　 僕はスペイン人の Manuel です。はじめまして。

En el comedor de la universidad

Atsuko : ¡Hola! Me llamo Atsuko Tanaka.

Soy estudiante de tercer curso de la Universidad de Kokusai. Encantada.

Manuel : ¡Hola! Yo me llamo Manuel Vargas. Yo soy de España. Mucho gusto. También soy estudiante de Kokusai.

Atsuko : Yo soy alumna del Departamento de Español de la Facultad de Lenguas Extranjeras.

Manuel : Yo pertenezco al Departamento de Japonés.

Atsuko : A propósito, ¿dónde vives?

Manuel : Yo vivo en Shinjuku. Se tarda solo media hora en llegar a la universidad.

Atsuko : ¡Qué envidia! Yo vivo en Chiba. Tardo una hora y media en llegar a la universidad.

Manuel : ¿Vives con tu familia?

Atsuko : Sí, yo vivo con mis padres y mis dos hermanos menores. ¿Y tú?

Manuel : Yo vivo solo. Mi familia está en Barcelona. Soy hijo único.

Atsuko : ¡Ah, Barcelona! La Sagrada Familia es muy famosa, ¿no?

Manuel : Sí, pero también hay otros lugares interesantes como Las Ramblas, el parque Güell, etc.

Atsuko : Algún día me gustaría ir a Barcelona.

Manuel : Entonces te presentaré a mi familia.

Atsuko : ¡Vaya! Ya es la hora de ir al seminario del profesor Fernández. Es muy exigente con la puntualidad.

Manuel : Yo también tengo que ir a la clase de Historia del Japón. ¡Nos vemos pronto!

Atsuko : ¡Adiós!

📖 Vocabulario 語彙

● la autopresentación 图 自己紹介 ● presentarse a sí mismo/a 動 自己紹介する
● el primer[segundo/tercer] curso[año] 第1[2／3]学年 ● la Facultad de Lenguas Extranjeras 外国語学部 ● el Departamento de Español[Japonés] スペイン語[日本語]学科 ● a propósito ところで
● ¡Qué envidia! うらやましい ● ser hijo[hija] único/a 一人息子[娘]である ● la Sagrada Familia サグラダ・ファミリア、聖家族教会 ● Las Ramblas [La Rambla] ランブラス通り (→写真 p.74, 読み物 p.75)
● el parque Güell グエル公園 ● ser exigente con la puntualidad 時間に厳しい
● ¡Vaya! (→ ir) わあ、おやおや、まあ ● la Historia del Japón 日本史

〈gustar を用いた直説法過去未来の婉曲的用法〉：～したいのですが
Algún día me *gustaría* ir a Barcelona.　　いつかバルセロナに行ってみたいのだけれど。

1 Gramática 文法

① 直説法現在　presente de indicativo

● 現在の動作、行為、習慣

¿**Vives** con tu familia?
君は家族と住んでいるの？

Yo **vivo** con mis padres y mis dos hermanos menores.
私は両親と2人の弟と住んでいます。

Los domingos **salimos** de compras.
毎週日曜日に私たちは買い物に出かけます。

● 確実な未来の行為

En el segundo semestre **estudio** en España.
後期はスペインで勉強します。

La semana que viene **nos presentamos** a un examen de gramática.
来週私たちは文法の試験を受けます。

Este año yo **cumplo** 20 años.
私は今年 20 歳になります。

② se を使った無主語文（se ＋動詞の3人称単数）　oraciones impersonales con se

Se tarda dos horas en llegar a la universidad.
大学に着くのに2時間かかります。

¿Cómo **se va** a la catedral?
大聖堂までどのように行きますか？

Se come bien en casa.
家庭料理はおいしい。

Aquí no **se fuma**.
ここは禁煙です。

Ejercicios ▌ 練習問題

（　　）内の動詞を適切な形に活用させましょう。

⑴　Yo (**ser**　　　　　　　) estudiante universitario.

⑵　Yo (**ser**　　　　　　　　) de Japón.

⑶　Ella (**hablar**　　　　　　　) japonés, inglés y español.

⑷　Manuel (**vivir**　　　　　　) solo.

⑸　Ellos siempre (**llegar**　　　　　) tarde a clase.

⑹　Se (**tardar**　　　　　　) una hora en llegar a la estación de Tokio.

⑺　¿Cómo se (**ir**　　　　　　　) al supermercado?

Composición ▌ 作文

スペイン語にしましょう。

1.　私は外国語学部の学生です。

2.　ブルーノ（Bruno）には兄と妹がいます。両親と東京に住んでいます。

3.　カルメン（Carmen）とマリア（María）は双子です。カルメンは長女で、マリアは末っ子です。

4.　新宿に行くのに1時間半かかります。

3 Repaso y aplicación ▍復習と応用

① 次の質問に答えましょう。

(1) ¿En qué curso está Atsuko?

(2) ¿De dónde es Manuel?

(3) ¿De qué parte de España es Manuel?

(4) ¿Qué estudia Atsuko en la universidad?

(5) ¿A qué departamento pertenece Manuel?

(6) ¿Dónde vive Manuel?

(7) ¿Con quién vive Atsuko?

(8) ¿Dónde está la familia de Manuel?

② Diálogo を参考にして、自分にあてはめて（　　）の中に語句を入れ、[　　] 内の語句を選択しましょう。

(1) Me llamo (   ).

(2) Yo soy estudiante de (   ) curso de la Universidad de
   (   ).

(3) Yo soy estudiante del Departamento de (   )
   de la Facultad de (   ).

(4) Yo vivo en (   ).

(5) Yo [**vivo** / **no vivo**] con (   ).

(6) Se tarda (   ) en llegar a la universidad.

(7) Tardo (   ) minutos en llegar a la estación de (   ).

(8) Algún día quiero visitar (   ).

📖 **Palabras relacionadas** ▍関連用語　　　📥 04 🔘 1-04

● el hermano mayor[menor] 兄 (弟) ● la hermana mayor[menor] 姉 (妹) ● el primogénito /
el hijo mayor 長男 ● la primogénita / la hija mayor 長女 ● el/la hijo/a menor (= el benjamín
[la benjamina]) 末っ子 (el/la pequeño/a も使われる) ● los gemelos / las gemelas 双子 ● los trillizos /
las trillizas 三つ子

4 Ejercicios de conversación e interpretación 　会話練習と通訳練習

⬇ 05 　🔴 1-05

① p.7 の「使い方」を参考に、会話練習をしましょう。
② 反復練習（リピーティングとシャドーイング）をしましょう。
③ 通訳練習をしましょう。

A. : ¡Hola! Me llamo (Atsuko Tanaka). (Encantada).
Soy estudiante de (tercer) curso de la Universidad de (Kokusai).

M. : ¡Hola! Yo me llamo Manuel Vargas. Yo soy de España. Mucho gusto.
También soy estudiante de la misma universidad.

A. : Yo soy (alumna) del Departamento de (Español) de la Facultad de
(Lenguas Extranjeras).

M. : Yo pertenezco al Departamento de Japonés.

A. : A propósito, ¿dónde vives?

M. : Yo vivo en Shinjuku. Se tarda solo media hora en llegar a la universidad.

A. : ¡Qué envidia! Yo vivo en (Chiba). Tardo (una hora y media) en llegar a la
universidad.

M. : ¿Vives con tu familia?

A. : (Sí, yo vivo con mis padres y mis dos hermanos menores). ¿Y tú?

M. : Yo vivo solo. Mi familia está en Barcelona.

A. : ¡Vaya! Ya es la hora de ir a (la clase del profesor Fernández).

M. : Vale. ¡Nos vemos pronto!

La Puerta del Sol, Madrid
マドリードのプエルタデルソル

Fachada de la Universidad de Salamanca
サラマンカ大学正面

El español: lengua viva.

　El español **es** una de las lenguas más importantes del mundo. **Es** el idioma oficial de 21 países, pero **tiene** presencia en muchos otros países.

　Según informa el Instituto Cervantes, el español **es** la segunda lengua más hablada del mundo, con unos 480 millones de hablantes nativos, y también **es** la segunda lengua más estudiada, después del inglés.

　Actualmente el 90% del español **se habla** en América, el 9% en España y el 1% restante en otros lugares, como Andorra, al norte de España, el Sahara y Guinea Ecuatorial, en África, y Filipinas, en Asia.

　De acuerdo con las previsiones actuales, en los próximos años el número de hablantes de español en el mundo **va a seguir** en aumento y, como dato curioso, **se prevé** que en 2060 Estados Unidos **se convierta** en el segundo país hispanohablante del mundo, detrás de México.

● **el idioma oficial** 公用語 ● **tener presencia** 存在する ● **el Instituto Cervantes** （スペイン政府がスペイン語教育と文化普及を目的として設立した）インスティトゥト・セルバンテス ● **el/la hablante nativo/a** 母国語として話す人、ネイティブ・スピーカー ● **restante** 残りの ● **Guinea Ecuatorial** 赤道ギニア
● **de acuerdo con** 〜に従って ● **en los próximos años** 数年後には ● **seguir en aumento** 増え続ける
● **Estados Unidos (de América)** アメリカ合衆国 ● **detrás de** 〜に次いで

コラム

Saludos　挨拶

　スペイン人は人と会うと、まず¡Hola! と言い、¿Qué tal? / ¿Qué hay?「どう？」と続けたり、¿Cómo estás[está]? / ¿Cómo te[le] va? で「元気ですか？」と言ったりして挨拶を交わします。これに対して、Muy bien, gracias. / Bien, gracias.「（とても）元気です」と答えますが、少々調子が悪くても、No me encuentro bien.「具合がよくありません」という言い方はあまりしません。相手が調子が悪そうだと思うと、¿Qué te pasa?「どうしたんだい？」、Estás mal, ¿eh?「君、具合が悪いね？」と声をかけます。言われた人が、Es que estoy resfriado.「実は風邪をひいたんだ」などと答えると、Cuídate. / Que te mejores pronto. で「お大事に」とお見舞いの言葉をかけます。

　挨拶を交わすとき、男女間や女性同志では頬にキス el besito してハグ el abrazo しますが、仕事の場では握手 el apretón de manos で済ませるのが普通です。ハグする日本人もいますが、基本的にはお辞儀で挨拶する日本人との間に、時にちょっとした文化摩擦 los choques culturales が起こることもあります。しかし最近では、政府級レベル a nivel gubernamental でもハグでお別れの挨拶をする傾向にあります。スペイン人の日本滞在を、あなたがスペイン流の挨拶で締めくくることができれば、思い出に残る旅 un viaje memorable になるでしょう。

Lección 2 : En una cafetería
カフェテリアで

内容　Atsuko と Manuel はカフェテリアで、いま勉強していること、日曜日の過ごし方、趣味などについておしゃべりします。

文法　再帰動詞

Diálogo　会話　今日の授業はどうだった？　⬇ 07　⏺ 1-07

En una cafetería de la universidad

Manuel : Hola, Atsuko. ¡Cuánto tiempo sin vernos! ¿Qué tal?

Atsuko : Muy bien, gracias.

Manuel : ¿Por qué no charlamos en la cafetería?

Atsuko : Buena idea. Vamos.

Manuel : ¿Qué tal la clase del profesor Fernández?

Atsuko : Bueno, ahora estamos estudiando la transición democrática en España. Es un tema dificilísimo. Hay que aumentar el vocabulario.

Manuel : Entiendo que os cueste comprenderlo.

Atsuko : Y tú, Manuel, ¿qué estás aprendiendo ahora?

Manuel : Ahora yo estoy aprendiendo los caracteres chinos. Son muy difíciles, pero interesantes.

Atsuko : ¡Fenomenal!

Manuel : A propósito, ¿qué haces los domingos?

Atsuko : Pues, normalmente me despierto tarde y no me cambio de vestido hasta el mediodía. Y, por la tarde, suelo jugar al tenis y a veces salgo de compras. Manuel, ¿cuál es tu afición?

Manuel : Pues, a mí me gusta jugar al fútbol. Soy hincha del Barça.

Atsuko : Yo soy aficionada del Real Madrid.

Manuel : ¿Quién es tu jugador favorito?

Atsuko : Mi jugador favorito es Sergio Ramos, que es defensa.

Manuel : No sabía que te gustara el fútbol. Bueno, ya tengo que irme, porque me espera mi amigo Kenji. ¡Nos comunicamos por correo electrónico!

Atsuko : Vale. ¡Adiós!

📖 Vocabulario　語彙

- ● **¡Cuánto tiempo sin vernos!** 久しぶりだね！ ● **la transición democrática** 民政移管（独裁政治などから民主主義に変わること） ● **el franquismo** フランコ体制（1939 年から 75 年までのフランコによる独裁体制）
- ● **los caracteres chinos** 漢字 ● **Fenomenal / Fenómeno** すばらしい ● **cambiarse de vestido[ropa]** 着替える ● **salir de compras** 買い物に出かける ● **el Barça** FC Barcelona の通称 ● **a veces** 時々
- ● **favorito/a** お気に入りの ● **comunicarse por correo electrónico** メールで連絡を取り合う
- ● **¿Cuál es tu afición preferida [pasatiempo/hobby preferido]?** 君の趣味は何？（hobby は外来語）

*サッカー用語→ p. 41, 43, 101

〈¿Por qué no ＋ 動詞〉：～しませんか

¿Por qué no charlamos en la cafetería?　　　カフェテリアでおしゃべりしませんか？

〈entender que ＋ 接続法〉：感情を表す表現に使われる接続法①

Yo *entiendo que* os *cueste* (costar) comprenderlo.　君たちがそれを理解するのはどんなにか大変だろうね。

〈No sabía que ＋ 接続法〉：「知らなかった気持ちが強い」ときに用いられる接続法の表現

No sabía que te *gustara* el fútbol.　　　　君はサッカーが好きだなんてまったく知らなかった。

cf. **〈No sabía que ＋ 直説法〉：「知らなかったという事実」を表す直説法の表現**

No sabía que te gustaba el fútbol.　　　　君がサッカーが好きだとは知らなかった。

※〈No sabía que ＋直説法〉が一般的だが、知らなかったという気持ちが強い場合、接続法を用いる。

1　Gramática　文法

再帰動詞　verbos reflexivos

●直接再帰（自分が自分にする行為）

Me levanto tarde y no me cambio de ropa hasta el mediodía.
　　私は遅く起きて、正午まで着替えません。

Luego **me peino**, **me maquillo** y salgo de compras.
　　その後私は髪をとかし、化粧をして、買い物に出かけます。

●間接再帰（自分に～する）

Javier **se pone** su camiseta favorita y sale con su amiga.
　　ハビエルはお気に入りの T シャツを着て、ガールフレンドと出かけます。

Ponte la gabardina, porque hará frío esta tarde.
　　コートを着なさい。なぜなら午後は寒くなるからです。

●相互（互いに～する）

Cuando hacen los deberes, ellos **se ayudan** mutuamente.
　　彼らは宿題をするとき、互いに助け合います。

Después de **pelearse**, ellos **se ignoran** el uno al otro.
　　ケンカした後、彼らは互いに無視し合っています。

●強意（～してしまう）

Es tarde y ya **me voy**.
　　遅いから、もう行きます。

Estos días estoy tan cansada que **me quedo dormida** sin lavarme los dientes.
　　最近、私はとても疲れているので、歯を磨かずに眠ってしまいます。

● 受身（～される）

El gimnasio **se va** a construir aquí.
　　体育館はここに建てられる予定です。

En el Templo Sensoji **se venden** muchos objetos de regalo.
　　浅草寺ではいろいろな土産物が売られています。

● 再帰動詞のみの動詞

El autor del atentado **se arrepiente** de su delito.
　　テロの犯人は犯行を後悔しています。

2　Ejercicios y Composición ┃ 練習問題と作文

Ejercicios ┃ 練習問題

（　　）内の動詞を適切な形に活用させましょう。

⑴　Manuel y Atsuko no (**verse**　　　　　　　　) mucho.

⑵　Manuel y Atsuko (**encontrarse**　　　　　　　　　　) en la cafetería.

⑶　Atsuko (**levantarse**　　　　) tarde y no (**cambiarse**　　　　) de ropa
　　hasta el mediodía.

⑷　Hace calor. ¿Por qué no (**quitarse / tú**　　　　　　　) la chaqueta?

⑸　Vosotros (**comunicarse**　　　　　) a través de las redes sociales, ¿verdad?

⑹　Tienes que (**cortarse**　　　　) el pelo.

⑺　Manuel ya (**irse**　　　　　).

⑻　Manuel y Atsuko (**comunicarse**　　　　　　) por correo electrónico.

Composición ┃ 作文

スペイン語にしましょう。

1.　今夜私はシャワーを浴びなくてはなりません。

2.　私は毎朝顔を洗うとき、鏡で自分を見ます。

3.　フェデリコ（Federico）とミゲル（Miguel）は互いに尊敬し合っています。

4.　日曜日の朝、目覚めると楽しいと感じます。

① 次の質問に答えましょう。

(1) ¿Se conocen Manuel y Atsuko desde antes?

(2) ¿Quién es el profesor de Atsuko?

(3) ¿Qué está estudiando Atsuko?

(4) ¿Cuál es el idioma que se habla en Cataluña, además del español?

(5) ¿Cómo se divierte Atsuko los domingos por la tarde?

(6) ¿Cuál es la afición preferida de Manuel?

(7) ¿Por qué tiene que irse Manuel?

(8) ¿Cómo se comunican los dos?

② **Diálogo** を参考にして、自分にあてはめて（　　）の中に語句を入れ、［　　］内の単語を選択しましょう。

(1) Ahora estoy aprendiendo (　　　　　　　　　　).

(2) Es un tema [**facilísimo** / **dificilísimo**].

(3) Mis compañeros están aprendiendo (　　　　　　　).

(4) Los domingos yo salgo a (　　　　　　　　).

(5) Mi afición es (　　　　　　　　).

(6) Me gusta jugar al (　　　　　　　).

(7) Yo soy hincha del (　　　　　　　).

(8) Me comunico con mis compañeros por (　　　　　　　　　　).

📖 **Palabras relacionadas**　関連用語　　⬇ 10　⭕ 1-10

● **escuchar música** 音楽を聞く ● **leer libros** 読書する ● **pasear** 散歩する ● **hacer[practicar] deporte** スポーツをする ● **jugar al golf** ゴルフをする ● **cantar en el karaoke** カラオケで歌う
● **acceder a las redes sociales** SNS にアクセスする ● **ver la televisión[tele]** テレビを見る
● **ir al cine** 映画に行く ● **bailar** ダンスをする

4 Ejercicios de conversación e interpretación ▌会話練習と通訳練習

⬇ 11 ⏺ 1-11

① p.7 の「使い方」を参考に、会話練習をしましょう。
② 反復練習（リピーティングとシャドーイング）をしましょう。
③ 通訳練習をしましょう。

M. : ¿Qué tal la clase (del profesor Fernández)?

A. : Bueno, ahora estamos estudiando (la transición democrática en España).
Es un tema (dificilísimo). Hay que (aumentar el vocabulario).

M. : Yo entiendo que os cueste comprenderlo.

A. : Y tú, Manuel, ¿qué estás aprendiendo ahora?

M. : Ahora yo estoy aprendiendo los caracteres chinos.

A. : ¡Fenomenal!

M. : A propósito, ¿qué haces los domingos?

A. : Pues, (suelo jugar al tenis y a veces salgo de compras).
Manuel, ¿cuál es tu afición?

M. : Pues, a mí me gusta jugar al fútbol. Soy hincha del Barça.

A. : Yo soy aficionada del (Real Madrid).

M. : ¿Quién es tu jugador favorito?

A. : Mi jugador favorito es (Sergio Ramos, que es defensa).
Bueno, ya tienes que irte, ¿verdad?

M. : Sí, porque me espera mi amigo Kenji.

A. : ¡Nos comunicamos por (correo electrónico)!

M. : Vale. ¡Adiós!

Terraza de una cafetería en la Plaza
Mayor de Salamanca
サラマンカのマヨール広場のカフェテラス

La vida de un estudiante universitario

La vida de un estudiante universitario es una época de ilusión, descubrimientos y también de muchos cambios, por ejemplo, en los hábitos y en el comportamiento.

En España normalmente un estudiante universitario **se levanta** entre las siete y las ocho de la mañana. **Se ducha**, desayuna, **se viste** y **se va** a la universidad.

Si vive en una ciudad grande, como Madrid o Barcelona, **se desplaza** en metro o en autobús. Si vive en una ciudad pequeña, como Salamanca o Cáceres, es posible ir caminando hasta la universidad.

Las clases de la mañana **se inician** a las nueve y terminan a las dos. En las ciudades pequeñas los estudiantes normalmente vuelven a su casa para comer. Por la tarde las clases empiezan a las cuatro y terminan a las ocho.

Antes de volver a casa, los estudiantes **se suelen reunir** con sus amigos para ir a tomar algo a un bar y **divertirse** charlando.

- **el/la estudiante universitario/a** 大学生　● **el hábito** 習慣　● **el comportamiento** 行動
- **desplazarse** 移動する　● **soler ＋不定詞** 習慣的に～する　● **reunirse** 集まる

コラム

Cafetería　カフェテリア

　スペインでは伝統的な民間療法として、ハーブティー las infusiones を飲む習慣があります。人気があるのは、消化不良や呼吸器疾患に効くというカモミール la manzanilla、消化を助けるハッカ la menta / la hierbabuena、神経を鎮めよく眠れる効果があるシナノキ la tila などです。子どもが風邪ぎみのときに、母親はよくカモミールを飲ませます。

　カフェテリア la cafetería ではコーヒー café、紅茶 el té、ハーブティーに並んで、最近は緑茶 el té verde がメニューにあり、注文すると砂糖 el azúcar がついてきます。緑茶にダイエット効果があるといわれ流行しているのですが、スペイン人にとって緑茶はハーブティーなので、砂糖を入れるのは当然なのです。

　カフェテリアのウェイター／ウェイトレス el/la camarero/a はとても働き者です。チップ la propina が収入のかなりの割合を占めるためですが、客のいろいろな注文に応じてくれます。長距離列車のカフェテリアで、ある外国人の女性がたどたどしいスペイン語で、Pan con "oliva", por favor.「『オリーブの実』がついたパンをください」と言いました。スペインではオリーブオイルを塗ったパン el pan con aceite (de oliva) を食べますが、「オリーブの実つきのパン」el pan con oliva という表現はしません。しばらくじっと考えていたウエイターは、客の顔を見ながら、Aquí tiene.「はい、どうぞ」と言って、フランスパン2切れにオリーブの実を数個添えたお皿を差し出しました。彼女はとても満足していました。臨機応変にメニューにない料理を提供するのは、スペインらしい光景です。

Contemplación de las flores de cerezo

お花見

内容 Manuel は Atsuko と一緒に上野公園で初めての花見を体験します。桜やおにぎり、スペインと日本の飲酒年齢の違いなどについておしゃべりします。

文法 直説法現在完了

Diálogo 会話 おにぎりを持ってお花見に ⬇13 ⊙1-13

En el parque de Ueno

Atsuko : Las flores están en plena floración. Yo vengo aquí todos los años para contemplarlas. Manuel, ¿has contemplado las flores de cerezo alguna vez?

Manuel : No, no las he contemplado ninguna vez. En España también hay lugares famosos para contemplarlas, como el Valle del Jerte, en Cáceres.

Pero no existe la costumbre de comer y beber bajo las flores de cerezo. Oye, ¿qué hay aquí?

Atsuko : Hay museos y un parque zoológico en el que hay tres osos pandas.

Manuel : Pues bien, ¿dónde nos ponemos para contemplar las flores?

Atsuko : Primero, vamos a buscar un lugar.

Manuel : Aquí estamos al sol, pero es el único lugar libre.

Atsuko : Pues, hay varias especies de cerezo. Este se llama *someiyoshino* y su flor es representativa de Japón.

Manuel : ¡Qué hermosa! Parece como si los pétalos caídos formaran una alfombra.

Atsuko : Yo he traído unos *onigiris*. ¿Quieres probarlos? Manuel, ¿tú sabes qué es un *onigiri*? (...) es una bola de arroz cocido y envuelta en alga marina.

Manuel : Yo he traído cerveza. En España se permite tomar alcohol legalmente a partir de los 16 o 18 años, dependiendo de las Comunidades Autónomas.

Atsuko : En Japón se permite beber a partir de los 20 años.

Manuel : Atsuko, ¿ya has probado el alcohol?

Atsuko : ¡Sí, claro!, porque yo tengo veintiún años.

Manuel : En España, cuando brindamos, decimos: ¡salud, dinero y amor!

Atsuko : Entonces, ¡salud, dinero y amor!

Vocabulario　語彙

- **estar en plena floración** 花が満開である ● **la contemplación** 図 じっと見ること
- **contemplar** 動 眺める *cf.* ver / mirar（見る）● **el Valle del Jerte** ヘルテ渓谷（→コラム p.27）
- **el parque zoológico** 動物園 ● **el oso[la osa] panda** パンダ ● **pues bien** さて（=bueno, ahora bien）
- **estar al sol** 日なたにいる ⇔ **estar a la sombra** 日陰にいる ● **la bola de arroz cocido y envuelta en alga marina** 海苔で巻いたご飯のボール（おにぎりの説明）● **legalmente** 法律上
- **permitirse ＋不定詞** ～が許される ● **a partir de** ～から ● **las Comunidades Autónomas** 自治州、州
（スペインにはマドリード他全部で 17 の自治州がある）● **brindar** 乾杯する

〈**como si ＋ 接続法過去**〉：まるで～のようである
Parece *como si* los pétalos caídos *formaran* una alfombra.

まるで、落ちた花びらがカーペットを作っているようだ。

1　Gramática　文法

直説法現在完了　pretérito perfecto de indicativo

● 今日現在までに起きた出来事と行為

¿**Has visto** a Manuel hoy? — No, todavía no lo **he visto**.

「君は今日マヌエルを見た？」「いや、まだ彼を見ていないよ」

Esta mañana **me he levantado** tarde y **he llegado** a clase con retraso.

今朝私は遅く起きて、授業に遅刻しました。

● 今週、今月、今年現在までに起きた行為と出来事

Esta mañana **han caído** los primeros copos de nieve en Tokio.

今朝東京で初めて降雪がありました。

Esta semana no **ha hecho** mucho frío.

今週はあまり寒くありませんでした。

Este mes **ha llovido** bastante.

今月は雨がかなり降りました。

Este verano **ha habido** muchos temblores de tierra.

今年の夏は地震が沢山ありました。

Este año **se ha acelerado** el calentamiento de la Tierra.

今年、地球温暖化が加速しました。

● 現在までの経験

¿**Habéis contemplado** las flores de cerezo alguna vez?

— No, no las **hemos contemplado** ninguna vez.

「君たちは今までに花見をしたことがあるの？」「いや、私たちは花見をしたことは一度もないよ」

¿**Has viajado** por América Latina? — Sí, **he viajado** por Argentina.

「君は南米を旅行したことはあるの？」「ええ、アルゼンチンに旅行したことがあるよ」

Ejercicios ■ 練習問題

（　　）内の動詞を現在完了形に活用させましょう。

(1) Esta mañana yo (**desayunar**　　　　　　　) con mi madre.

(2) Hoy Juan no (**asistir**　　　　　　) a la clase de español.

(3) En la universidad yo (**encontrarse**　　　　　　) con mi compañero.

(4) Tú ya (**hacer**　　　　　) los deberes, ¿verdad?

(5) Todavía yo no los (**terminar**　　　　　　).

(6) Este invierno (**nevar**　　　　　) mucho.

(7) Ellos (**estar**　　　　　) en San Sebastián.

(8) ¿Tú (**comer**　　　　) *sushi* alguna vez?

Composición ■ 作文

スペイン語にしましょう。

1.　私は今朝カルロス（Carlos）と話しました。

2.　君は今日フェルナンデス（Fernández）先生を見た？

3.　今年の冬はとても寒かった。

4.　君たちはマドリードにいたことがあるんだね。

5.　私たちはパエーリャを食べたことがあります。

① 次の質問に答えましょう。

(1) ¿Manuel ha contemplado las flores de cerezo alguna vez?

(2) ¿Los españoles contemplan las flores de cerezo como los japoneses?

(3) ¿Qué hay en el parque de Ueno?

(4) ¿Cómo se llama la especie de cerezo del parque de Ueno?

(5) ¿Qué ha traído Atsuko para comer?

(6) ¿Y qué ha traído Manuel para beber?

(7) ¿Cuántos años tiene Atsuko?

(8) ¿Qué han dicho los dos al hacer un brindis?

② Diálogo を参考にして、自分にあてはめて（　　）の中に語句を入れ、[　　] 内の語句を選択しましょう。

(1) Yo [**he** / **no he**] (　　　　　　　　　) las flores de cerezo.

(2) En mi ciudad hay lugares famosos para contemplarlas, como
(　　　　　　　　　　).

(3) Yo he estado en (　　　　　　　　　) para contemplarlas.

(4) Hay (　　　　　　　　　　　　) en ese lugar.

(5) Cuando yo las contemplo, llevo (　　　　　　　　) para comer.

(6) Cuando yo las contemplo, llevo (　　　　　　　　) para beber.

(7) Yo [**he** / **no he**] (　　　　　　) alcohol, porque yo tengo
(　　　　　　　　) años.

(8) Nosotros solemos decir (　　　　　　　) en lugar de "¡salud, dinero y amor!".

📖 **Palabras relacionadas**　関連用語　　⬇ 16　🔘 1-16

● la avenida de los cerezos 桜並木　● el cerezo llorón しだれ桜
● el cerezo de flores dobles 八重桜

4 Ejercicios de conversación e interpretación 　会話練習と通訳練習

⬇ 17 ⭕ 1-17

① p.7 の「使い方」を参考に、会話練習をしましょう。
② 反復練習（リピーティングとシャドーイング）をしましょう。
③ 通訳練習をしましょう。

A. : Las flores están en plena floración. (Yo vengo aquí todos los años para contemplarlas).
Manuel, ¿has contemplado las flores de cerezo alguna vez?

M. : No, no las he contemplado ninguna vez.

A. : Primero, vamos a buscar un lugar.

M. : Aquí estamos al sol, pero es el único lugar libre.

A. : Pues, hay varias especies de cerezo. Este se llama *someiyoshino*.

M. : ¡Qué hermoso! Parece como si los pétalos caídos formaran una alfombra.

A. : Yo he traído unos (onigiris). ¿Quieres (probarlos)?

M. : Sí. Yo he traído cerveza. En España se permite tomar alcohol legalmente a partir de los 16 o 18 años.

A. : En Japón se permite (beber) a partir de los 20 años.

M. : Atsuko, ¿ya has tomado alcohol?

A. : (¡Sí, claro!), porque yo tengo (veintiún años).

M. : En España, cuando brindamos, decimos: ¡salud, dinero y amor!

A. : Entonces, ¡salud, dinero y amor!

Ración de embutidos　ソーセージ（腸詰）

Sandwich de jamón y queso
ハムとチーズのサンドイッチ

Escalope a la milanesa con ensalada y patatas fritas
ミラノ風カツレツ、サラダとフライドポテト添え

Hoy ha sido un día precioso.

　Hoy **ha sido** domingo. El día **ha amanecido** soleado, con una suave brisa muy agradable. **Me he levantado** a las 9, **he desayunado** más relajada que el resto de los días de la semana y **he salido** a dar un paseo con mi perro por el parque que hay cerca de mi casa.

　Después **me he duchado** y **he ido** con mi amiga Paula al rastro. **Hemos dado** una vuelta por todos los puestos de venta. Paula **se ha comprado** una blusa estampada y unas zapatillas de tela muy bonitas. Yo **me he comprado** una falda larga de algodón.

　A la una **nos hemos acercado** a uno de los chiringuitos que hay en la ribera del río y hemos tomado una cerveza con unas tapas. Después **nos hemos ido** hasta la Plaza Mayor y allí **nos hemos sentado** en una terraza a tomar un café. Nos **hemos encontrado** con varios conocidos y **hemos estado** charlando tranquilamente.

　A las siete **he vuelto** a casa, **he preparado** algo ligero para cenar y ahora ya me voy a la cama porque mañana tengo que madrugar.

- soleado 晴れ渡った ● la brisa そよ風 ● los días de la semana 平日 ● dar un paseo 散歩する
- el rastro のみの市 ● dar una vuelta 散歩する ● el puesto de venta スタンド
- estampado プリントの ● las zapatillas 室内履き ● el chiringuito (仮設の)飲食店
- la ribera (del río) 川岸 ● la Plaza Mayor マヨール広場

コラム

la Fiesta del Cerezo en flor en el Valle del Jerte　ヘルテの桜祭り

　花見は日本固有の習慣と思われがちですが、スペインにも花見があります。エストレマドゥーラ州 Extremadura のカセレス Cáceres 県に、桜の名所ヘルテ渓谷 el Valle del Jerte があります。毎年３月半ば頃に桜が咲くと、「春のヘルテ渓谷への散策プランを立てるときが来ました」 Ha llegado el momento de que empieces a planificar tu escapada primaveral al Valle del Jerte. とインターネットで発表されます。この時期に桜祭り la Fiesta del Cerezo en flor が開かれ、地元の民芸品の展示、コンサート、さくらんぼなどの名産物が紹介され、観光客はヘルテ渓谷ルートマップ el mapa de rutas por el Valle del Jerte に従って散策します。

　スペイン人にとって日本の花見で最も不思議なことは、天気予報 el pronóstico del tiempo の中で各地の桜の開花予想 el pronóstico de la floración de los cerezos をすることです。「桜前線が北上する」という表現はスペイン語にはないので、「毎年最初に日本の南の沖縄で開花し、次第に北の島北海道の方に進む」 "Cada año, las primeras flores aparecen en el sur de Japón, en las islas de Okinawa, y avanzan progresivamente hasta la isla septentrional de Hokkaido." (El País 紙、2017 年３月 28 日) と説明します。

　スペイン人は文字どおり「花を見に行く」のに対して、日本人は「お弁当 la comida para llevar を持って桜の下でお酒を飲み盛り上がること」に楽しみを感じる点が違います。

Ir de Compras

買い物に行く

内容　Manuel はアウトレットパークのスペイン系衣料品店に買い物に行きます。

文法　目的格人称代名詞

Diálogo ｜ 会話 ｜ いらっしゃいませ、何をお探しですか？　⬇ 19 ⏺ 1-19

En la tienda Zora de un centro comercial *outlet*

Manuel : ¡Hola!

D.　　: ¡Hola! ¿En qué puedo servirle?

Manuel : Yo querría una bandolera negra y una cartera en
　　　　tonos marrones. ¿Qué me recomienda?

D.　　: De acuerdo. Mire, aquí tenemos las bandoleras y
　　　　ahí están las carteras. Todas son preciosas.

Manuel : Es verdad. Pero hay demasiadas. Primero quiero dar un vistazo.

D.　　: Muy bien. Mírelas tranquilamente.

Manuel : Esta bandolera cuesta normalmente unos 30.000 (treinta mil) yenes, pero
　　　　aquí cuesta 20.000 (veinte mil). Me la llevo. (...)
　　　　Y esta cartera es muy bonita. Tiene un bolsillo muy simpático. También me
　　　　la llevo.

D.　　: Gracias. ¿Cómo va a pagar, con tarjeta de crédito o en efectivo?

Manuel : Esta vez yo prefiero pagar en efectivo. Aquí tiene.

D.　　: Este es su recibo y esta es su vuelta. Bueno, voy a envolvérselas. Espere un
　　　　momento, por favor.

Manuel : Gracias.

D.　　: Aquí tiene.

Manuel : Gracias. ¡Adiós!

D.　　: ¡Adiós!

※ D. = dependienta

● el centro comercial *outlet* アウトレットパーク ● el/la dependiente/a 店員
● ¿En qué puedo servirle? 何をお探しですか？ ● De acuerdo. 承知しました。 ● el bolsillo simpático
素敵なポケット ● dar[echar] un vistazo ざっと見る ● la tarjeta de crédito クレジットカード
● en efectivo / al contado 現金で ● Esta es su vuelta. おつりをどうぞ。 ● Aquí tiene. はい、どうぞ。

〈querer の直説法過去未来の婉曲用法〉：〜したいのですが
Yo *querría* una bandolera negra. 私は黒いショルダーバッグが欲しいのですが。
〈preferir ＋ 不定詞〉：〜を選択する
Yo *prefiero pagar* en efectivo. 私は現金で支払うことを選ぶ。

---

① Gramática 文法 ⬇ **21** ⭕ **1-21**

目的格人称代名詞　pronombres personales

● 直接目的格（〜を）：me, te, lo/la, nos, os, los/las

Yo quiero una bandolera marrón. → Yo **la** quiero.
　　私は茶色のショルダーバッグが欲しいです。

César visita a Cristina y a su hermana. → César **las** visita.
　　セサルはクリスティーナと彼女の姉（妹）を訪問します。

● 間接目的格（〜に）：me, te, le, nos, os, les

¿Qué **me** recomienda?　　　　　　　　私へのお勧めは何ですか？

Él escribe a sus padres. → Él **les** escribe.　彼は両親に手紙を書きます。

● 間接目的格（〜に）と直接目的格（…を）が同時に使われる表現（「〜に…を」の順番）

En Navidad mis padres *me* regalaron una cartera. → Mis padres *me* **la** regalaron.
　　クリスマスに、私の両親は私に財布をプレゼントしてくれました。

Te doy la vuelta. → *Te* **la** doy.　　君にお釣りをあげます。

● 3 人称単数・複数の間接目的格 le / les → se になる表現

Le doy mi tarjeta de presentación. → *Se* **la** doy.　あなたに私の名刺を差し上げます。

Les muestro las mercancías. → *Se* **las** muestro.　あなたたちに商品をお見せします。

● 不定詞に間接目的格（〜に）と直接目的格（…を）が同時に使われる表現（「〜に…を」の順番）

Voy a envolver*les* las mercancías *a ustedes*. → Voy a envolvér**se**las.
　　私はあなたたちに商品を包みます。　　または　*Se* **las** voy a envolver.

● 現在進行形に目的格人称代名詞が使われる表現

La madre está preparando la comida *a los niños*.
→ La madre está **preparándose**la. または La madre *se* **la** está preparando.
　　母親は子どもたちに食事の支度をしています。

Ejercicios ▍練習問題

(　　) 内の単語を直接目的格人称代名詞に、[　　] 内の単語を間接目的格人称代名詞に変えて、文章を書き直しましょう。

⑴　Yo no conozco (**a María**). →

⑵　Ella está pintando (**un paisaje**). →

⑶　Ellos te envían (**un paquete**). →

⑷　Contemplamos (**las flores de cerezo**). →

⑸　Él me compra (**unos pendientes**). →

⑹　Voy a regalar (**una bufanda**) [**a mi hijo**]. →

⑺　Miguel enseña (**inglés**) [**a Carolina**]. →

⑻　¿Por qué no llevas (**las galletas**) [**a tus hermanos**]? →

Composición ▍作文

目的格人称代名詞を使ってスペイン語にしましょう。

1.　私は化粧ポーチが欲しいのです。私にそれを見せてもらえますか？

2.　こちらにハンドバッグがあります。あなたにそれを持ってきましょうか？

3.　君たちはウエストポーチを買いに行くんだね。後でそれを私に見せてくれますか？

4.　私の両親は誕生日に小銭入れをプレゼントしてくれます。

5.　彼女は履きやすい(cómodo)靴を探しています。彼女にそれを持ってきてくれませんか？

3 **Repaso y aplicación** 復習と応用

① 次の質問に目的格人称代名詞を使って答えましょう。

(1) ¿Dónde quiere hacer compras Manuel?

(2) ¿Busca Manuel una bandolera roja?

(3) ¿Qué quiere hacer Manuel primero?

(4) ¿Tiene un llavero la cartera que compra Manuel?

(5) ¿Por qué quiere comprar la cartera?

(6) ¿Él va a llevarse la bandolera?

(7) ¿Cómo paga Manuel?

② Diálogo を参考にして、自分にあてはめて（　　）の中に語句を入れ、[　　]内の語句を選択しましょう。

(1) Yo quiero comprar (　　　　　　　　　　) en un centro comercial outlet.

(2) El color de la mercancía que quiero tiene que ser (　　　　　　　).

(3) Mi presupuesto es de (　　　　　　　) yenes.

(4) Yo suelo ir de compras [los domingos / los días entre semana].

(5) Yo suelo hacer compras en (　　　　　　　).

(6) Yo voy a hacer compras con (**un amigo mío / una amiga mía**).

(7) Yo prefiero pagar [**en efectivo / con tarjeta de crédito**].

(8) Yo voy a (　　　　　　　) después de hacer compras.

📖 **Palabras relacionadas** 関連用語　　⬇ 22 ⭕ 1-22

● la riñonera ウエストポーチ ● el llavero キーホルダー ● el monedero 小銭入れ ● los zapatos 靴
● la cartera 財布 ● el bolso ハンドバッグ ● la bolsa 袋状のバッグ ● el accesorio para bolsos
バッグチャーム ● la pretina バックルつきベルト ● el cinturón ベルト ● el neceser 化粧ポーチ
● el minisupermercado / la tienda de 24 horas コンビニ

4 Ejercicios de conversación e interpretación ▮ 会話練習と通訳練習

⬇ 23 ◯ 1-23

① p.7 の「使い方」を参考に、会話練習をしましょう。
② 反復練習（リピーティングとシャドーイング）をしましょう。
③ 通訳練習をしましょう。

M.　:　¡Hola!

D.　:　¡Hola! ¿En qué puedo servirle?

M.　:　Yo querría (una bandolera negra) y (una cartera en tonos marrones).
　　　¿Qué me recomienda?

D.　:　De acuerdo. Aquí tenemos (las bandoleras) y ahí están (las carteras).

M.　:　Yo primero quiero dar un vistazo.

D.　:　Muy bien. Véalas tranquilamente.

M.　:　(Esta) cuesta normalmente unos (30.000 yenes), pero aquí cuesta
　　　(20.000). Me (la) llevo. (...)
　　　Y esta cartera es muy bonita. Tiene un bolsillo muy simpático.
　　　También me la llevo.

D.　:　¿Va a pagar con tarjeta de crédito?

M.　:　Esta vez yo prefiero pagar (en efectivo).

D.　:　Aquí tiene usted la vuelta. Bueno, voy a (envolvérselas).

M.　:　Gracias. ¡Adiós!

D.　:　¡Adiós!

Recibo de la compra
en un supermercado
スーパーのレシート

Frutería y verdulería　青果店

Frutería y verdulería　青果店

Carnicería　精肉店

Frutería y verdulería　青果店

Pescadería　鮮魚店

La fiesta de cumpleaños de María

María es universitaria y hoy es su 20 cumpleaños. Para celebra**rlo** sus padres han organizado una fiesta. Han invitado al novio de María, a sus amigos, a sus tíos y a sus primos. La madre de María ha preparado paella y sangría.

Unos días antes sus padres **le** preguntaron qué quería como regalo de cumpleaños. María **les** pidió un collar de perlas mallorquinas. Ellos **lo** buscaron en una tienda de perlas de la Gran Vía de Madrid y encontraron uno precioso. Cuando **se lo** regalaron, María se puso muy contenta.

Su novio Pablo **le** ha regalado una pulsera de plata muy bonita. María **le** ha dado un beso para expresa**rle** su alegría. Sus amigos **le** han traído una botella de champán y sus tíos y primos, un pañuelo de seda.

Como broche final a la fiesta, todos han comido una gran tarta de frutas. Cuando María ha soplado las 20 velas de la tarta, todos han aplaudido y **le** han cantado el "Cumpleaños feliz" para expresa**rle** su felicitación. Y después han brindado con champán. Ha sido un día inolvidable para María.

- **la fiesta de cumpleaños** 誕生パーティ ● **las perlas mallorquinas** マジョルカパール (スペインのマジョルカ島で生産される) ● **la Gran Vía de Madrid** マドリードのグランビア通り ● **ponerse contento/a** 満足する
- **expresar la alegría** 喜びを表現する ● **una botella de champán** 1本のシャンパン
- **el pañuelo de seda** シルクのスカーフ ● **el broche final / el broche de oro** フィナーレ
- **la tarta de frutas** フルーツケーキ ● **el Cumpleaños feliz** ハッピーバースデーの歌

コラム

Compras e IVA　買い物と付加価値税

スペインで買い物をすると、日本の消費税にあたる付加価値税 Impuesto sobre el Valor Añadido-IVA がかかります。1986年にスペインが現在のヨーロッパ連合 la Unión Europea-UE の母体、ヨーロッパ共同体 la Comunidad Europea-CE に加盟したことをきっかけに導入されました。

IVA は3段階に分かれていますが、2012年の改正後の税率は4％、10％、21％です。4％はパン el pan、果物 las frutas、野菜 las verduras、チーズ el queso、卵 los huevos、牛乳 la leche、本 los libros、新聞 los periódicos、医薬品 los medicamentos などの生活必需品 los productos de primera necesidad に、10％は水 el agua、清涼飲料水 los refrescos、交通費 los transportes、スポーツ関係のイベント los eventos deportivos、その他の食品 el resto de alimentos、メガネ las gafas などに、21％は家庭電化製品 los electrodomésticos、映画と演劇 el cine y el teatro、車 los coches、タバコ el tabaco、アルコール el alcohol、理髪・美容院 las peluquerías、ホテルと飲食店 la hostelería、衣料品と靴 la ropa y el calzado、バッグ los bolsos などにかかります。

値札 la etiqueta とレシート el recibo に IVA の税率と税込の金額が印字されています。生活必需品の税金は低く、商品ごとに IVA を計算する必要がないのは合理的です。

Lección 5.

Sushi en un mostrador giratorio

回転寿司

内容 Atsuko は Manuel と回転寿司に行き、初めて寿司を食べるマヌエルに食べ方を教えます。

文法 現在分詞

Diálogo | 会話 | 寿司の食べ方を教える ⬇ 25 ⏺ 1-25

En un restaurante de *sushi* con mostrador giratorio

Atsuko : ¡Hola, Manuel! ¿Cómo te ha ido hoy?

Manuel : Pues, yo he estado en la biblioteca toda la tarde estudiando los caracteres chinos.

Atsuko : ¡Qué trabajador eres!

Manuel : ¿Sabes?, aunque los españoles comemos bastantes pescados y mariscos, es la primera vez que pruebo *sushi*.

Atsuko : Entonces, te enseño la manera de comerlo. Primero, nos limpiamos las manos con esta toallita, que se llama *oshibori*. Luego coges esta taza y echas una cucharadita de té verde pulverizado, abres el grifo y echas agua caliente en ella.

Manuel : Vale. ¿Y dónde está el azúcar?

Atsuko : En Japón no se pone azúcar en el té verde.

Manuel : ¿Ah, no? Y el *sushi*, ¿lo pongo en este platillo?

Atsuko : No. Es para echar la salsa de soja en él. También hay jengibre encurtido en este recipiente. Al comerlo, se refresca la boca.

Manuel : Hay muchos platos girando en la correa transportadora del mostrador. ¿Cuál como primero?

Atsuko : Yo voy a empezar con uno de calamar y unos rollitos de arroz envueltos en algas. El precio depende del color de los platos.

Manuel : Pues yo voy a empezar con uno de camarón y otro de atún. ¡Caramba! El picor del *wasabi* llega hasta mi nariz. ¡Cómo pica! Pero todo sirve de experiencia. Ahora voy a comer otro camarón y caviar rojo.

Atsuko : Pues yo, oreja marina y pulpo. Manuel, ¿te ha gustado el *sushi*?

Manuel : Sí, pero hay que tener cuidado con el *wasabi*.

Vocabulario 語彙

- el *sushi* en un mostrador giratorio 回転寿司 ● el restaurante de *sushi* con mostrador giratorio 回転寿司店 ● toda la tarde 午後中 ● los caracteres chinos 漢字 ● trabajador/a 勤勉な
- la toallita おしぼり ● una cucharadita de té verde pulverizado 小さじ1杯の粉茶
- el agua caliente お湯 ● el platillo 小皿 ● la salsa de soja [南米 soya] しょうゆ
- el jengibre encurtido ガリ（酢漬けのしょうが） ● el *wasabi* / el rábano picante japonés わさび
- refrescarse la boca 口がさっぱりする ● la correa transportadora ベルトコンベア ● los rollitos de arroz envueltos en algas 巻き寿司（海苔巻き） ● caramba おやおや、まったく ● tener cuidado con 〜に気をつける ● El picor del *wasabi* llega hasta mi nariz. わさびの辛さが鼻につーんとくる
- el caviar rojo いくら ● la oreja marina あわび

〈ser la primera vez que + 直説法〉：〜は初めてである
Es la primera vez que pruebo sushi.　　　私は寿司を食べるのは初めてだ。
〈 直接目的語が文頭にある文 + 直接目的格人称代名詞 〉
El sushi, ¿lo pongo en este platillo?　　　寿司、それをこの小皿にのせるの？
［平叙文］El *sushi*, lo pongo en este platillo.

1 Gramática 文法

現在分詞　presente continuo

● 進行形（〜している）

Muchos platos **están girando** en la correa transportadora.
たくさんの皿がベルトコンベアの上で回っています。

La tecnología **va evolucionando**.　　　テクノロジーは進化していく。

Manuel **sigue estudiando** los caracteres chinos.　　マヌエルは漢字を勉強し続けています。

● 副詞的用法（〜しながら）

Ella siempre come **viendo** la televisión.　　彼女はいつもテレビを見ながら食事をします。

Alfredo está acostumbrado a cenar **charlando** con sus padres.
アルフレドは両親とおしゃべりしながら夕食を取る習慣があります。

Como me he despertado tarde, voy **corriendo**.　　私は遅く起きたので、走っていきます。

● 形容詞的用法（名詞を修飾し、写真などのタイトルに使われる限定的用法）

Platos **girando** en la correa transportadora.　　ベルトコンベアの上で回るたくさんの皿。

Unos novios **sonriendo**.　　ほほ笑む恋人たち。

● 分詞構文（〜なので、もし〜すれば、〜であるが）

Siendo gemelos, ellos bailan en perfecta armonía.　彼らは双子なので、完璧に調和して踊ります。

Haciendo los deberes, podemos presentarnos al examen.
課題をすれば、私たちは試験を受けられます。

Aun **teniendo** fiebre, Julio tiene que ir a la escuela.
フリオは熱がありますが、学校に行かなければなりません。

Ejercicios ┃ 練習問題

(）内の動詞を主語に合わせて現在形で活用させ、[　] 内の動詞を現在分詞に変えましょう。

(1) Yo (**estar** 　　　　　　) [**leer** 　　　　　　] el periódico.

(2) Él (**estar** 　　　　　　) [**jugar** 　　　　　　] al fútbol.

(3) Ellos (**seguir** 　　　　　　) [**charlar** 　　　　　　] en la cafetería.

(4) Los alumos (**continuar** 　　　　　　) [**hablar** 　　　　　　] en la clase.

(5) Hay un muñeco que se llama niño [**cantar** 　　　　　　].

(6) [**Vivir** 　　　　　　] cerca del mar, en verano podemos bañarnos todos los días.

(7) ¿Hay una farmacia por aquí? — Sí, [**girar** 　　　　　　] a la izquierda, encontrará una.

Composición ┃ 作文

スペイン語にしましょう。

1. 私は明日の授業の予習をしています。

2. マヌエル（Manuel）は図書館で勉強しています。

3. いつも駅から家まで歌って来ます。[venir ＋動詞の進行形]

4. 2人は仲良しなので、一緒に映画に行きます。

3 **Repaso y aplicación** 復習と応用

① 次の質問に答えましょう。

(1) ¿Dónde están Manuel y Atsuko?

(2) ¿Qué están haciendo Atsuko y Manuel ahora?

(3) ¿Qué está enseñando Atsuko a Manuel?

(4) ¿Comen pescado los españoles?

(5) ¿Para qué quiere el azúcar Manuel?

(6) ¿Qué está irritando la nariz de Manuel?

(7) ¿A Manuel le ha gustado el *sushi*?

(8) Después de comer *sushi*, ¿cuál es la impresión de Manuel?

② Diálogo を参考にして、自分にあてはめて (　　) の中に語句を入れ、[　　] 内の語句を選択し、動詞は現在分詞にしましょう。

(1) Toda la tarde yo he estado (　　　　　　　　).

(2) Yo [**he estado / no he estado**] en un restaurante de *sushi* con mostrador giratorio.

(3) En ese restaurante varios cocineros están (**trabajar**　　　　　).

(4) Yo voy con (　　　　　　　) para comer *sushi*.
Yo voy [**solo / sola**].

(5) Yo suelo comer *sushi* (**picar**　　　　　) jengibre encurtido.

(6) Primero yo como (　　　　　　).

(7) Mi plato favorito es (　　　　　　).

(8) Comer *sushi* en un mostrador giratorio sigue (**ser**　　　　　) popular en mi ciudad.

📖 **Palabras relacionadas** 関連用語　　⬇ 28 ⏺ 1-28

● **los palillos** 箸 ● **el cocinero [la cocinera] de** *sushi* 板前 ● **el atún** マグロ
● **el jurel / el chicharro** アジ ● **la caballa** サバ ● **el besugo** 鯛 ● **el salmón** 鮭 ● **la anguila** うなぎ
● **la tortilla muy fina** 薄焼き卵

4 ## Ejercicios de conversación e interpretación 会話練習と通訳練習

⬇ 29 ▶ 1-29

① p.7 の「使い方」を参考に、会話練習をしましょう。
② 反復練習（リピーティングとシャドーイング）をしましょう。
③ 通訳練習をしましょう。

M. : Es la primera vez que pruebo *sushi*.

A. : Entonces, te enseño la manera de comerlo.

M. : Vale. ¿Y dónde está el azúcar?

A. : (En Japón no se pone azúcar en el té verde).

M. : ¿Ah, no? Y el *sushi*, ¿lo pongo en este platillo?

A. : No. Es para echar la salsa de soja en él.

M. : Hay muchos platos girando en la correa transportadora del mostrador.
¿Cuál como primero?

A. : Yo voy a empezar con (uno de calamar y unos rollitos de arroz envueltos en algas). Te recomiendo probar (atún).

M. : Pues yo voy a empezar con uno de camarón y otro de atún.
¡Caramba! El picor del *wasabi* llega hasta mi nariz. ¡Cómo pica!

A. : ¡Vaya! (¿No lo sabías?)

M. : No, pero todo sirve de experiencia.

A. : Manuel, ¿te ha gustado el *sushi*?

M. : Sí, pero hay que tener cuidado con el *wasabi*.

Carta de un restaurante de *sushi*,
en español y en inglés
スペイン語と英語表記の寿司店のメニュー

Tertulia de amigos

Manolo y sus compañeros de la universidad **están charlando** en una cafetería, **tomando** cerveza. Todo el mundo está alegre porque mañana no hay clase.

Uno de los amigos de Manolo, Miguel, **está haciendo** la tarea mientras sus amigos **están charlando**. Una vez terminada su tarea, Miguel se marcha porque va a ver un partido de fútbol en la tele.

Carmen **está charlando** con Elena sobre la clase del profesor Fernández. Las dos se quejan de que les pone demasiados deberes. Todos comparten su opinión.

Francisco tiene mucha sed, porque hace muchísimo calor este verano, y ha pedido otro vaso de cerveza. Los demás también le han seguido, **pidiendo** otro vaso de cerveza.

En la pared de la cafetería está colgada una foto titulada "unos novios **sonriendo**". Es la foto preferida de Manolo y les ha acompañado durante la tertulia de este día de verano tan caluroso.

● **la tertulia** 常連の集まり ● **tomar [beber] cerveza** ビールを飲む ● **hacer la tarea [los deberes]** 宿題をする ● **poner los deberes** 宿題を出す ● **compartir la opinión** 共感する
● **tener mucha sed** とても喉がかわく

コラム

Sushi　寿司

　寿司は最近スペインでも中南米でも人気があり、el pescado crudo よりも el *sushi* で通じるようになりました。にぎり鮨は el *nigiri* (los *nigiris*)、刺身は el *sashimi* (los *sashimis*)、ちらし寿司は el *chirashi* (los *chirashis*) と呼んでいます。暑い地域では、カリフォルニア巻き(サーモンかカニ、きゅうり、卵焼き、アボカド入り) el rollo californiano や、フルーツ巻きのような巻き寿司(マンゴーやキウイ入り) los rollitos de arroz envueltos en algas / el *maki* をイメージする地域もあります。東京の有名な寿司屋で接待を受けた南米人の感想は、Yo quiero probar *sushi* verdadero.「私は本当の寿司が食べたい」というものでした。巻き寿司を *sushi* verdadero だと思っていたのです。

　わさびも el rábano picante japonés より el *wasabi* で通じるようになりました。でもサワークリームと思ってぱくっと食べてしまう人もいるので、辛いことを前もって教えてあげるとよいでしょう。わさびの辛さは独特で、からい picante ではわかりにくいので、El picor del *wasabi* llega hasta la nariz.「わさびの辛さが鼻に届く」と言うと、鼻につんとくる辛さが伝わります。

　マドリード Madrid には、寿司の他におにぎり el *onigiri* (los *onigiris*) を売る店がありますが、一緒にわさびがついてきます。国によって寿司もおにぎりも変化しています。

6.

El fútbol

サッカー

内容 | Manuel と Atsuko は、スペインが誇る Real Madrid と Barcelona の試合、el Clásico について盛り上がっています。

文法 | 直説法点過去、直説法線過去、直説法過去完了

⬢ Diálogo ┃ **会話** ┃ El Clásico を見た？   31 ◯ 1-31

En el comedor de la universidad

Manuel : Hola, Atsuko. ¿Ayer viste el Clásico en Internet?

Atsuko : Por supuesto. Fue un partido muy animado. Me entusiasmé muchísimo con los tres goles seguidos del Real Madrid. Fue una lástima que les sacaran una tarjeta roja.

Manuel : Así es, pero creo que la delantera del Barcelona también jugó muy bien.

Atsuko : Sí, lo que pasa es que el portero del Real Madrid es muy bueno y por eso ganó su equipo. A ti te gusta más el Barcelona, ¿verdad?

Manuel : Por supuesto, yo soy hincha del Barcelona, porque soy catalán. Tú apoyas al Real Madrid, ¿verdad?

Atsuko : Exactamente. Yo apoyo al Real Madrid.

Manuel : En el primer tiempo el Barcelona iba ganando, pero fue una lástima que perdiera en la prórroga.

Atsuko : El partido pudo terminar en empate, pero en el segundo tiempo el Real Madrid recuperó fuerzas. Creo que fue decisivo el córner de Vázquez. Estoy contenta con que el Real Madrid ganara por tres a dos en la prórroga.

Manuel : Por cierto, yo soy defensa del equipo de fútbol de la universidad, ¿y tú?

Atsuko : Pues, yo jugaba de portera cuando era alumna de bachillerato. Pero hasta entonces nunca había jugado al fútbol.

Manuel : Este domingo jugaremos contra el equipo de la Universidad de Kokusai. ¿Te gustaría ir a vernos?

Atsuko : Sí, ¡cómo no! ¿Dónde es el partido?

Manuel : El partido es en el campo de la universidad. Empieza a las nueve.

Atsuko : ¡Vale! ¡Allí estaré!

● **el Clásico** エル・クラシコ（el Real Madrid と el FC [Fútbol Club] Barcelona の試合）● **entusiasmarse con** 〜に熱狂する● **los tres goles seguidos** ハットトリック　● **sacar tarjeta roja[amarilla]** レッド[イエロー]カードを出す● **la delantera** フォワード陣（**el/la delantero/a** フォワードの人）● **el/la portero/a** ゴールキーパー● **el/la hincha** サポーター● **apoyar** 応援する● **el primer[segundo] tiempo** 前半 [後半]● **la prórroga** 延長戦● **terminar en empate** 引き分けで終わる● **recuperar fuerzas** 盛り返す● **la defensa** ディフェンス陣（**el/la defensor/a** ディフェンダー）● **jugar contra** 〜と対戦する● **el campo (de fútbol)** サッカー場、フィールド、ピッチ● **el equipo** チーム　＊その他サッカー用語 → p. 43, 101

〈ser (una) lástima que ＋ 接続法〉：感情を表す表現に使われる接続法①

Fue una lástima que les *sacaran* una tarjeta roja.　　　彼らにレッドカードが出たのは残念だった。

〈estar contento con que ＋ 接続法〉：感情を表す表現に使われる接続法②

Estoy contento con[de] que el Marinos *ganara* por tres a dos.
　　　　　　　　　　　　　　　　　私はマリノスが 3 対 2 で勝ったことに満足だ。

※〈estar contento de que ＋接続法〉が一般的だが、〈〜 con que ＋接続法〉も使われる。

1　## Gramática 🔲 文法　　　　　　　　　　　　　　⬇ 33　🔘 1-33

① 直説法点過去　pretérito indefinido

● 過去の終わった出来事や行為（〜した、〜だった）

¿**Viste** el Clásico ayer en Internet? **Fue** un partido muy animado.
　　　君は昨日インターネットでエル・クラシコを見た？　とても白熱した試合だったよ。

Yo **viví** en Ciudad de México durante tres años.
　　　私は 3 年間メキシコ市に住みました。

Córdoba **fue** la capital de los musulmanes hasta el siglo XI (once).
　　　コルドバは 11 世紀までイスラム教徒の首都でした。

② 直説法線過去　pretérito imperfecto

● 過去の継続した行為や習慣（よく〜していた）

Yo **jugaba** de portero cuando **era** alumno de bachillerato.
　　　僕は高校生のときゴールキーパーでした。

La reina Letizia **era** locutora de la cadena pública Televisión Española.
　　　レティシア王妃はスペイン国営テレビのキャスターでした。

③ 直説法点過去と直説法線過去を組み合わせた文

Emilio **se acostó** temprano porque **tenía** mucha fiebre.
　　　エミリオは熱が高かったので、早く寝ました。

④ 時制の一致（主節が点過去で従属節が線過去になる表現）　correlación temporal

Aurora dice que tiene ganas de conocer Japón.
　　　アウロラは日本のことをよく知りたいと言っています。

→ Aurora **dijo** que **tenía** ganas de conocer Japón.
　　　アウロラは日本をよく知りたいと言っていました。

⑤ **直説法過去完了（過去のある時点より前に完了したこと）** pretérito pluscuamperfecto

Keiko dijo que hasta entonces nunca **había jugado** al fútbol.

ケイコはその時までサッカーをしたことがなかったと言いました。

Cuando conocí a María, ella ya **había terminado** la carrera universitaria.

私がマリアと知り合ったとき、彼女はすでに大学の課程を修了していました。

---

② Ejercicios y Composición ▍練習問題と作文

Ejercicios ▍練習問題

（　　　）内の動詞を直説法点過去か直説法線過去か直説法過去完了に活用させましょう。

⑴ Cuando tú (**ser** 　　　) niño, (**querer hacerse** 　　　　　　) piloto.

⑵ Ayer yo no (**ir** 　　　) a la universidad, porque no (**tener** 　　　) ganas.

⑶ Ellos (**ir a nadar** 　　　　　　) los fines de semana.

⑷ En marzo de 2011 (**haber** 　　　) un gran terremoto en el norte de Japón.

⑸ En la plaza (**reunirse** 　　　　　　) mucha gente ayer.

⑹ Antes nosotros (**vivir** 　　　) en las afueras de Barcelona.

⑺ Cuando llegó ella, todos ya (**salir** 　　　　　　) de la universidad.

Composición ▍作文

スペイン語にしましょう。

1. 私は子どものころ、ガンバ大阪（el GAMBA OSAKA）のサポーターでした。

2. トレドは16世紀までスペインの首都でした。

3. 私は先月、君たちが以前マドリードに住んでいたのを知りました。

4. 1年前彼らはとても幸せだと言いました。

③ **Repaso y aplicación** 復習と応用

① 次の質問に答えましょう。

(1) ¿Qué vieron Manuel y Atsuko en Internet?

(2) ¿Cómo fue el partido?

(3) ¿Le sacaron alguna tarjeta roja al Barcelona?

(4) Según Manuel, ¿quién jugó muy bien?

(5) Según Atsuko, ¿por qué ganó el Real Madrid?

(6) ¿En el primer tiempo iba ganando el Barcelona?

(7) ¿Cuándo perdió el Barcelona?

(8) ¿En qué posición jugaba Atsuko en el bachillerato?

② Diálogo を参考にして、自分にあてはめて（　　）の中に語句を入れ、[　　] 内の語句を選択しましょう。

(1) Cuando [**fui** / **era**] estudiante del bachillerato, yo [**practiqué** / **practicaba**]
   (　　　　　　　　　　　　　).

(2) Ahora yo [**juego** / **practico**] (　　　　　　　　　　　　　).
   Ahora yo no [**juego** / **practico**] ningún deporte.

(3) Yo soy hincha del (　　　　　　　　　　　　　).

(4) Antes yo [**fui** / **era**] [**seguidor** / **seguidora**] del (　　　　　　　　　).

(5) Cuando [**tuvo** / **tenía**] lugar un partido, [**solía** / **no solía**] verlo.

(6) Mi [**jugador favorito** / **jugadora favorita**] era (　　　　　　　　　).

(7) Su posición [**fue** / **era**] (　　　　　　　　　　).

(8) Mi [**jugador favorito** / **jugadora favorita**] es (　　　　　　　　　).

📖 **Palabras relacionadas** 関連用語　　⬇ 34 ⏺ 1-34

● **la Copa Mundial** ワールドカップ ● **la formación** フォーメーション
● **el mediocampista [el centrocampista]** ミッドフィルダー、中盤 ● **el goleador** ポイントゲッター
● **el tiro** シュート ● **la patada** キック ● **el saque de esquina [el córner]** コーナーキック
● **el fuera de juego [el** *offside***]** オフサイド ● **el gol** ゴール ● **el autogol** オウンゴール
● **el regate [el** *drible***]** ドリブル ● **el pase** パス ● **el cabezazo** ヘディング

4 Ejercicios de conversación e interpretación 　会話練習と通訳練習

⬇ 35 　◯ 1-35

① p.7 の「使い方」を参考に、会話練習をしましょう。
② 反復練習（リピーティングとシャドーイング）をしましょう。
③ 通訳練習をしましょう。

- -

M. : Hola, (Atsuko). ¿Ayer viste el Clásico en Internet?

A. : Por supuesto. Fue un partido muy animado.
Me entusiasmé muchísimo con (los tres goles seguidos del Real Madrid).
Pero fue una lástima que les (sacaran una tarjeta roja).

M. : Así es, pero creo que la delantera del Barcelona también jugó muy bien.

A. : Sí, pero (el portero) del Real Madrid es muy bueno y por eso ganó su equipo.

M. : Yo soy hincha del Barcelona.

A. : Yo apoyo al Real Madrid.

M. : En el primer tiempo el Barcelona iba ganando, pero fue una lástima que perdiera en la prórroga.

A. : Pero en el segundo tiempo el Real Madrid recuperó fuerzas.
Creo que fue decisivo (el córner de Vázquez).
Tú juegas al fútbol, ¿verdad?

M. : Sí, yo soy defensa del equipo de fútbol de la universidad.
Este domingo jugaremos contra el equipo de la Universidad de Kokusai.
Nos vas a animar, ¿verdad?

A. : (¡Claro que sí!)

Albóndiga en salsa
ソースをかけた肉団子

Boquerones fritos
カタクチイワシのフリッター

Montadito de lomo
ヒレ肉のサンドイッチ

Felipe II, el Prudente (Valladolid, 1527-El Escorial, 1598)

　　Felipe II, hijo de Carlos I y de Isabel de Portugal, **heredó** el trono español tras la abdicación de su padre en 1556 y **llegó a convertirse** en el monarca más poderoso de su época.

　　Durante su reinado **gobernó** un vastísimo Imperio que, además de la Península Ibérica, **comprendía** territorios en los Países Bajos, Italia, norte de África, América y Asia. Por ello, **se decía** que en su Imperio **no se ponía** el sol.

　　Contrajo matrimonio en cuatro ocasiones con el fin de proteger y mantener su Imperio mediante esas alianzas matrimoniales.

　　También **fue** un gran defensor de la religión cristiana frente a la amenaza de las incursiones berberiscas y turcas. Una de sus grandes victorias contra el Imperio otomano **tuvo lugar** en la batalla de Lepanto, en 1571. Como conmemoración de la victoria que **había conseguido** frente a los turcos, Felipe II **mandó** construir el Palacio-Monasterio de San Lorenzo de El Escorial.

- **Felipe II, el Prudente** 慎重王フェリペ 2 世 ● **heredar el trono** 王位を継承する ● **la abdicación** 退位
- **el monarca** 君主 ● **el reinado** 統治下 ● **además de** 〜の他に ● **vastísimo** vasto (広大な) の最上級
- **la Península Ibérica** イベリア半島 ● **los Países Bajos** オランダ ● **contraer matrimonio con** 〜と婚姻を結ぶ ● **con el fin de** 〜する目的で ● **la alianza matrimonial** 姻戚関係 ● **las incursiones berberiscas y turcas** ベルベル人とトルコ人の侵略 ● **el Imperio otomano** オスマン帝国 ● **tener lugar** 起きる
- **la batalla de Lepanto** レパントの海戦 ● **el Palacio-Monasterio de San Lorenzo de El Escorial** サン・ロレンソ・デ・エル・エスコリアル修道院

コラム

Terminología de fútbol　サッカー用語

　サッカーは、スペインでも南米でも国民的スポーツ el deporte rey です。ひと昔前は、男の子が将来一番なりたい職業は闘牛士 el torero でしたが、今ではもちろんサッカーです。南米ではワールドカップ la Copa Mundial が開催されると、仕事そっちのけで家族、友人が集まって、テレビを見ながらひいきのチームを応援します。ゴールが決まると、建物全体に歓声が響きわたるほどです。スペインでも、試合のある日曜日はバルに集まって、ビールを飲みタパスをつまみながら、テレビの試合でひいきのチームを応援します。

　スペイン語は世界 21 か国の公用語であるため、サッカー用語も微妙に違います。ファンは el/la aficionado/a、サポーターはスペインでは el/la hincha、中南米では主に el/la seguidor/a を使います。ディフェンス la defensa などの選手のポジションの名称はほぼ共通しています。ゴールキーパーは el arquero か el portero が通常使われますが、el guardameta も使います。南米では el golero が使われる地域があります。延長は el alargue か la prórroga です。また、オフサイド el *offside*、ペナルティ・キック el penalti、ドリブル el *drible*、シュート el chut などの、英語が語源の語句も使われています。

7

En el tren

電車で

内容 Manuel は初めて日本の電車に乗り、Atsuko にあれこれ質問します。

文法 3 人称複数の無主語文

Diálogo | 会話 | どうして日本人は電車で寝るの？ ⬇ 37 ⏺ 1-37

En la línea de tren Chuo

Manuel : ¡Oye, Atsuko!, ¿cuánto tiempo se tarda desde la estación de Shinjuku hasta la de Tokio?

Atsuko : Se tarda media hora más o menos.

Manuel : Veo que los pasajeros se ponen a la cola. En España la gente no hace cola y sube al tren o al metro sin orden. Los japoneses son disciplinados.

Atsuko : Pero en las horas punta se abalanzan hacia el asiento.

Manuel : ¿Aquel asiento indicado con un dibujo es para las personas mayores?

Atsuko : Sí, se llama "asiento prioritario". Tienen prioridad para sentarse las personas mayores, los discapacitados y las mujeres embarazadas.

Manuel : A propósito, las personas que están de pie no se preocupan mucho de su bolso. Como en el metro de España hay rateros, los pasajeros agarran bien su bolso. Además hay rejilla. ¿Aquí no roban el equipaje?

Atsuko : Bueno, a veces, sí.

Manuel : Mira, hay viajeros durmiendo. ¿Están cansados?

Atsuko : Aunque no estemos cansados, estamos acostumbrados a quedarnos dormidos en el tren. ¿Los españoles no se duermen en el tren o en el metro?

Manuel : Preferimos charlar a dormir. Lo que me llama la atención es que en Japón los trenes sean tan puntuales.

Atsuko : Sí, normalmente llegan a su hora.

Manuel : Pues, en el metro de Madrid ya no hay taquillas. Es que en abril de 2017 (dos mil diecisiete) cerraron 92 taquillas operadas por taquilleros. Ahora ellos ayudan a los pasajeros a utilizar las máquinas expendedoras de billetes.

Atsuko : Bueno, Manuel, pronto llegaremos a Tokio.

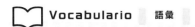
Vocabulario　語彙

- **más o menos** およそ ● **ponerse a la cola** 行列の後につく、行列を作る ● **hacer cola** 行列する
- **sin orden** 順番を守らず ⇔ **en orden** きちんと ● **la hora [las horas] punta** ラッシュアワー
- **las personas mayores** 高齢者 ＝ **los ancianos / las personas de la tercera edad**
- **el asiento prioritario** 優先席（高齢者、身体障害者、妊婦等が座るのを優先する座席：el asiento prioritario para sentarse las personas mayores, los discapacitados y las mujeres embarazadas）
- **estar de pie** 立っている ● **Hay viajeros durmiendo.** 寝ている乗客がいる。(durmiendo は現在分詞の形容詞的用法) ● **preferir charlar a dormir** 眠るよりおしゃべりするのを選ぶ ● **llegar a la hora** 定刻どおりに着く
- **el/la taquillero/a** 窓口係 ● **la máquina expendedora de billetes** 券売機

〈aunque ＋ 接続法〉：たとえ～でも…である【仮定】

Aunque no *estemos* cansados, estamos acostumbrados a quedarnos dormidos en el tren.

私たちはたとえ疲れていなくても、電車で眠り込む習慣がある。

※〈quedarse ＋主格補語（過去分詞・形容詞）〉：～の状態である

cf. 〈Aunque ＋ 直説法〉：～だが…である【事実】

Aunque estamos cansados, no nos dormimos en el tren.　私たちは疲れているが、電車で眠らない。

〈llamar la atención es que ＋ 接続法〉：驚きを表す表現に使われる接続法

Lo que me *llama la atención es que* en Japón los trenes *sean* tan puntuales.

私が注意を引かれるのは、日本では電車が時間をとても正確に守ることだ。

1 Gramática　文法

⬇ 39 ⏺ 1-39

3人称複数の無主語文　oraciones impersonales con el verbo en tercera persona del plural

●動詞の3人称複数形を使った、主語を特定しない表現

¡Oye, Manuel! Te **llaman** por teléfono.　ちょっと、マヌエル！　誰かから君に電話です。

En El Corte Inglés **venden** todo tipo de productos.

エル・コルテ・イングレスではあらゆる種類の商品を売っています。

En 2014 **pusieron** "Frozen: el reino del hielo" en todos los cines del mundo.

2014年に『アナと雪の女王』を世界のあらゆる映画館で上映しました。

Ayer me **robaron** la cartera en el centro de la ciudad.

私は昨日中心街で財布を盗まれました。

Dicen que un fuerte tifón va a pasar por Japón.　大型台風が日本を通過するそうです。

En abril de 2017 **cerraron** las taquillas del metro de Madrid.

2017年4月にマドリードの地下鉄の窓口を閉鎖しました。

A Margarita le **regalaron** un collar de perlas en su fiesta de cumpleaños.

マルガリータは誕生日に真珠のネックレスをもらいました。

●再帰受身との違い：再帰受身には主語があり、主語に合わせて動詞が活用

En los grandes almacenes Mitsukoshi **se venden** muchos productos.

三越（デパート）ではたくさんの商品が売られている。

En Japón **se habla** japonés.　日本では日本語が話されます。

El Santuario Sintoísta de Meiji **se construyó** en 1920.

明治神宮は1920年に建てられました。

Ejercicios 練習問題

（　　）内の動詞を活用させ、無主語文にしましょう。

(1) ¡Ah! Me (**llamar**　　　　　) por teléfono.

(2) En Galicia (**hablar**　　　　) gallego.

(3) Hace un año me (**robar**　　　　　) en el tren.

(4) (**Decir**　　　　) que hoy no hay clase de español.

(5) Te (**haber regalado**　　　　　　) esta pulsera, ¿verdad?

(6) El año pasado lo (**suspender**　　　　　) en Historia del Japón.

(7) ¿Tú sabes dónde (**vender**　　　　) el abono de transporte público?

Composición 作文

スペイン語にしましょう。

1.　プエルトリコでは英語とスペイン語を話します。

2.　君は送金してもらいましたか（enviar dinero）？

3.　スペイン南部に多くの移民が到着しているそうです。

4.　私はスペイン語の国家試験（el examen oficial）に合格しました。

① 次の質問に答えましょう。

(1) ¿Cuánto tiempo se tarda desde la estación de Shinjuku hasta la de Tokio?

(2) ¿Qué es el asiento prioritario?

(3) ¿Por qué los españoles agarran bien su bolso en el metro?

(4) ¿Por qué los japoneses se duermen en el tren?

(5) ¿Qué prefieren hacer los españoles en el tren, dormirse o charlar?

(6) ¿Cuándo cerraron las taquillas en el metro de Madrid?

(7) ¿En qué trabajan los taquilleros ahora?

② Diálogo を参考にして、自分にあてはめて（　　）の中に語句を入れ、[　　] 内の語句を選択しましょう。

(1) En el tren yo prefiero (　　　　　　　) a (　　　　　　).

(2) Yo (　　　　　　　) a la cola.

(3) En las horas punta yo (**me abalanzo / no me abalanzo**) hacia el asiento.

(4) Yo [**agarro / no agarro**] bien mi bolso, porque (

　　　　　　　　　　　　　　　　　　　　　).

(5) Yo estoy [**acostumbrado / acostumbrada**] a (　　　　　　　　) en el tren.

(6) Lo que me llama la atención es que en Japón (

　　　　　　　　　　　　　　　　　　　　　).

(7) En mi ciudad normalmente los trenes (　　　　　　　) a su hora.

(8) La gente utiliza (　　　　　　　　　　) para comprar billetes.

📖 **Palabras relacionadas** 関連用語　　　🔽 **40** ⭕ **1-40**

● **el horario** 時刻表 ● **subir al tren** 乗車する ● **el tren tranvía** 各駅停車の列車 ● **el tren expreso** 急行
● **el revisor [la revisora]** 車掌 ● **el control de acceso al andén** 改札 ● **el empleado de estación**
駅員 ● **el supervisor** 案内係 ● **el billete de asiento reservado** 座席指定券 ● **el abono / el pase** 定期
券 ● **el bono de metro** 地下鉄の回数券 ● **el bono de tren** 電車の回数券

4 Ejercicios de conversación e interpretación 会話練習と通訳練習

⬇ 41 ⏺ 1-41

① p.7 の「使い方」を参考に、会話練習をしましょう。
② 反復練習（リピーティングとシャドーイング）をしましょう。
③ 通訳練習をしましょう。

M. : ¡Oye, Atsuko!, ¿cuánto tiempo se tarda desde la estación de (Shinjuku) hasta la de (Tokio)?

A. : Se tarda (media hora) más o menos.

M. : Veo que los pasajeros se ponen a la cola. En España la gente no hace cola y sube al tren o al metro sin orden. Los japoneses son disciplinados.

A. : Pero en las horas punta se abalanzan hacia el asiento.

M. : ¿Aquel asiento indicado con un dibujo es para las personas mayores?

A. : Sí, se llama "asiento prioritario".

M. : A propósito, las personas que están de pie no se preocupan mucho de su bolso. Además hay rejilla. ¿Aquí no roban el equipaje?

A. : Bueno, (a veces, sí).

M. : Mira, hay viajeros durmiendo. ¿Están cansados?

A. : (Aunque no estemos cansados, estamos acostumbrados a quedarnos dormidos en el tren). ¿Los españoles no se duermen en el tren o en el metro?

M. : Preferimos charlar a dormir. En Japón los trenes son tan puntuales...

A. : (Sí, normalmente llegan a su hora). Bueno, Manuel, pronto llegaremos a (Tokio).

Máquina expendedora de billetes
(Metro de Valencia)
バレンシアの地下鉄券売機

En un vagón del metro 地下鉄車内

Tren de RENFE en una estación
スペイン国有鉄道の電車

Una experiencia poco común

Una mañana, justo antes de salir de casa, la madre de Alba le dijo: "Alba, te **llaman** por teléfono." Era su novio Javier que quería que le prestara el cuaderno de inglés para preparar un examen. Alba se apresuró a buscarlo.

Alba todos los días va a la universidad en metro. Ese día, cuando iba en el metro, de repente una señora gritó: "Me **han robado** la cartera". Todos los pasajeros se asustaron y la señora, muy nerviosa, agarró a un hombre por la mano, gritando que era el carterista. En la siguiente estación **llamaron** a la policía y se lo **entregaron**.

Alba llegó a la universidad y le prestó el cuaderno a Javier. Él no había podido dormir bien, preparando el examen de inglés. Alba le contó el incidente que había ocurrido en el metro y Javier, preocupado por ello, le dijo que tuviera mucho cuidado.

Después de despedirse de su novio, Alba acudió al aula para compartir con sus amigas la experiencia poco común de aquella mañana.

- **poco común** 少し珍しい ● **justo antes de ＋不定詞** ちょうど〜する前に
- **apresurarse a ＋不定詞** 急いで〜する ● **de repente** 突然 ● **el/la carterista** スリ
- **entregar** 引き渡す ● **tener mucho cuidado** 十分に気をつける ● **despedirse de** 〜と別れる

コラム

La estación de Atocha　アトーチャ駅

　アトーチャ駅は、19世紀末にマドリード Madrid の南に建設されたマドリード最初の鉄道駅で、スペイン国有鉄道 RENFE が運営しています。1992年に開通したマドリードとコルドバ Córdoba、セビリア Sevilla を結ぶスペイン高速鉄道 Alta Velocidad Española-AVE の他に、長距離列車 el tren de larga distancia とマドリード近郊とつながる近郊電車 el tren de cercanías が発着します。

　AVE 開通に向けて、高いドーム型屋根の旧駅舎の外観を保存して改修工事が行われ、切符売り場 la taquilla の他、以前のプラットフォームの場所には店舗 los comercios、カフェテリア la cafetería と待合室 la sala de espera ができました。待合室は植物園 el jardín botánico に見立てられており、乗客はのんびり過ごせるので、待ち時間が苦になりません。

　2004年3月11日の午前7時半ごろ、4つの近郊電車で10回の爆発が起こりました。約190人が死亡し、多数が負傷した列車同時爆破テロ事件 los atentados del 11 de marzo[11-M] です。その後イスラム過激派 yihadista のアルカイダ Al Qaeda を名乗るグループが犯行声明を出しました (reivindicar la autoría de atentado)。原因は、国民党 el Partido Popular[PP] の当時の首相ホセ・マリア・アスナール el Presidente del Gobierno José María Aznar が、アメリカを支持しイラク戦争への参加を表明したことでした。3月14日の総選挙 las elecciones generales では社会労働党 el Partido Socialista Obrero Español[PSOE] が勝利しました。

En una posada japonesa

旅館で

内容 Manuel のいとこの María は、Atsuko と初めて旅館に泊まり、スペインと日本の習慣の違いに驚きます。

文法 直説法未来、直説法過去未来

Diálogo ┃ 会話 ┃ 初めての旅館滞在

⬇ 43 ◯ 1-43

En la entrada de una posada japonesa

Gerente : Buenas tardes. ¡Bienvenidas! Pasen, por favor.

María : ¡Hola, cuántas zapatillas juntas! Nunca había visto algo así.

Atsuko : Mira, nos quitamos los zapatos y nos ponemos estas zapatillas.

Gerente : Este es su cuarto. Pónganse cómodas y, si les apetece, tomen un té verde con un dulce. Les traeremos la cena a las seis. Mientras, les recomiendo que paseen por el jardín.

Atsuko : Gracias. Vamos a pasear por el jardín y después tomaremos un baño al aire libre.

Después del baño al aire libre

María : En mi país nos metemos en el balneario con bañador. Me da vergüenza bañarme desnuda y además el agua estaba muy caliente. Pero el baño era muy agradable.

Gerente : La cena está servida. Les hemos preparado verduras de temporada cocidas, *tempura*, *sashimi* de besugo y *sukiyaki*. Espero que les guste todo.

María : Gracias. He comido *tempura*, ¿pero qué es *sashimi*?

Atsuko : Es pescado muy fresco, sin cocinar y cortado con destreza.

María : ¿Ah, sí? Oye, ¿este huevo está crudo?

Atsuko : No te preocupes, los huevos son muy frescos. Lo echas en este bol, lo bates un poco y pones el *sukiyaki*.

Después de la cena

María : Estoy llena. Antes tú dijiste que me agradaría la posada japonesa y tienes razón. Me quedaría aquí unos días más.

Atsuko : Estoy segura de que esta experiencia será un bonito recuerdo para ti.

Vocabulario 語彙

- la posada japonesa 旅館 ● el gerente 番頭 ● Nunca había visto algo así. かつてこんなものを見た
ことがない（María は旅館に来たときより以前の経験について直説法過去完了を使う）● el té verde 緑茶
- tomar un baño 風呂に入る ● al aire libre 戸外で ● el baño al aire libre 露天風呂
- las verduras de temporada cocidas 季節の野菜の煮物 ● la *tempura* 天ぷら
- el *sashimi* de besugo タイの刺身 ● tener razón もっともである

〈recomendar que + 接続法〉：忠告の表現で使われる接続法

Les *recomiendo que paseen* por el jardín. あなたたちに庭を散歩することを勧める。

〈dar a + 人 + vergüenza〉：〜するのが恥ずかしい

Me *da vergüenza* bañarme desnuda. 私は裸で入浴するのが恥ずかしい。

---

1 Gramática 文法

① 直説法未来　futuro imperfecto

●未来の行為、状態

Les **traeré** la cena a las seis.
夕食を6時にお持ちしましょう。

Vamos a pasear por el jardín y después **tomaremos** un baño al aire libre.
庭を散歩しましょう。その後、露天風呂に入りましょう。

Según el pronóstico del tiempo, mañana **lloverá**.
天気予報によれば、明日雨が降ります。

●現在の出来事の推測

¿Sabes dónde está él? ― No sé, **estará** en la biblioteca.
「君、彼がどこにいるか知っている？」「知らない。図書館にいるんじゃない？」

¿Qué hora es? ― **Serán** las ocho.
「何時ですか？」「8時ごろでしょう」

② 直説法過去未来　condicional simple

●過去のある時点から見た未来の行為

Ella dice que asistirá a la fiesta. 彼女はパーティに出席すると言います。

→ Ayer ella dijo que **asistiría** a la fiesta. 昨日、彼女はパーティに出席すると言いました。

●過去の出来事の推測

Javier no me envió ningún correo electrónico ayer. **Estaría** ocupado.
ハビエルは昨日メールをくれませんでした。忙しかったのでしょう。

●婉曲（遠まわしな表現）

Me quedaría aquí unos días más. ここにあと数日滞在できたらいいのですが。

¿**Podría** echarme una mano? 私に手を貸していただけませんか？

Ejercicios ▏練習問題

（　　）内の動詞を適切な形に活用させましょう。

⑴　El año que viene yo (**visitar**　　　　　　　　　) España.

⑵　Mañana tú (**partir**　　　　　　　　　) de Osaka para Madrid.

⑶　Este niño (**dominar**　　　　　　　　　) japonés, inglés y español, cuando sea mayor.

⑷　No ha venido Guillermo, ¿dónde (**estar**　　　　　　　　　) .

⑸　Ayer Kanako dijo que me (**traer**　　　　　　　　　) sus fotos.

⑹　Ayer Miguel no asistió a clase. ¿(**estar**　　　　　　　　　) enfermo?

⑺　Me (**gustar**　　　　　　　　　) conocer México.

⑻　Tengo muchos deberes que hacer. ¿(**Poder**　　　　　　　　　) usted ayudarme?

Composición ▏作文

スペイン語にしましょう。

1.　私は今度の日曜日に祖父母を訪ねるでしょう。

2.　来週の日曜日は雨が降るでしょう。

3.　あなたたちは今朝アリシア（Alicia）を見た？　どこにいるのかしら。

4.　昨日ペドロ（Pedro）は今日マリア（María）に会うと言いました。

① 次の質問に答えましょう。

(1) ¿Por qué se sorprendió María en la entrada de la posada japonesa?

(2) ¿María está acostumbrada a quitarse los zapatos en casa?

(3) ¿A qué hora les traerán la cena a Atsuko y María?

(4) ¿Qué hacen Atsuko y María después de tomar un té verde?

(5) ¿Qué hacen las dos después de pasear por el jardín?

(6) ¿María sabe qué es *sashimi*?

(7) ¿A María le ha gustado la posada japonesa?

(8) ¿Qué dice María sobre su primera experiencia en una posada japonesa?

② Diálogo を参考にして、自分にあてはめて（　　）の中に語句を入れ、[　　] 内の語句を選択しましょう。

(1) [**Me he hospedado / No me he hospedado nunca**] en una posada japonesa.

(2) Al entrar en una posada japonesa, normalmente (　　　　　　　　) los zapatos y (　　　　　　　　) las zapatillas.

(3) El desayuno incluye (　　　　　　　　　　　　　).

(4) En una posada japonesa normalmente sirven la cena alrededor de (　　　　　　　　　　　　).

(5) En el baño al aire libre normalmente el agua está (　　　　　　　　).

(6) El baño al aire libre está rodeado de (　　　　　　　　).

(7) Después de la cena yo voy a (　　　　　　　　　　　).

📖 **Palabras relacionadas** 関連用語　　⬇ 46 ⏺ 1-46

● el arroz cocido ご飯 ● la sopa de miso[soja] 味噌汁 ● el huevo crudo 生卵 ● el alga (marina) 海苔 ● la soja fermentada 納豆 ● el pescado asado 焼き魚 ● el queso de soja 豆腐 ● las verduras en salmuera 漬物 ● cantar en el karaoke カラオケで歌う ● jugar ゲームをする

4 Ejercicios de conversación e interpretación 　会話練習と通訳練習

⬇ 47 　⏺ 1-47

① p.7 の「使い方」を参考に、会話練習をしましょう。
② 反復練習（リピーティングとシャドーイング）をしましょう。
③ 通訳練習をしましょう。

M. : Es la primera vez que me hospedo en una posada japonesa.

A. : Espero que (sea una buena experiencia).

M. : ¡Oh, cuántas zapatillas juntas! Nunca había visto algo así.

A. : Nos quitamos los zapatos y nos ponemos estas zapatillas.
Este es nuestro cuarto. Nos traerán la cena a las seis.
Vamos a (pasear por el jardín y después tomaremos un baño al aire libre).

M. : En mi país nos metemos en el balneario con bañador.
Pero el baño es muy agradable.

A. : La cena está servida. Nos han preparado (verduras de temporada cocidas, tempura, sashimi de besugo). ¡Que aproveche!

M. : Gracias. Yo ya he comido *tempura*, pero, ¿qué es *sashimi*?

A. : Es pescado muy fresco sin cocinar y cortado con habilidad.

M. : Entendido. Yo estoy muy a gusto. Me quedaría aquí unos días más.

A. : Estoy segura de que esta experiencia será un bonito recuerdo para ti.
¡Vamos a (cantar en el karaoke) !

M. : ¡Vale!

Vista de la Catedral de Salamanca
サラマンカ大聖堂の外観

Catedral Nueva de Salamanca 　サラマンカ新大聖堂

Evolución de la población española en los próximos años.

En el año 2033 España **superará** por primera vez los 49 millones de habitantes, pero una de cada cuatro personas **será** mayor de 65 años.

Según prevé el Instituto Nacional de Estadística (INE) **habrá** un crecimiento de la población del 5,1% en el conjunto del período, gracias al saldo migratorio positivo.

Además, según el estudio del INE, para entonces el 12% de la población **viviría** sola, y **habría** 5,8 millones de hogares unipersonales en España, lo que **supondría** el 29% del total.

El número medio de hijos por mujer **sería** de 1,41 en 2033 frente al 1,31 actual. Por otro lado, la esperanza de vida **sería** de 82,9 años en los hombres y de 87,7 en las mujeres (2,5 y 1,9 años más que en la actualidad, respectivamente).

El porcentaje de población de 65 años o más, que actualmente se sitúa en algo más del 19% del total de la población, **pasaría a ser** del 25,2% en 2033. Un total de 46.390 personas **serían** centenarias (con al menos 100 años), frente a las 11.248 que hay ahora.

- la evolución de la población 人口の推移 ● por primera vez 初めて ● el habitante 住民、人
- una de cada cuatro personas 4人に1人 ● el Instituto Nacional de Estadística (INE) 国家統計局
- gracias al saldo migratorio positivo スペイン人の国外への流出より外国人の流入のほうが多いので
- el hogar unipersonal 単身世帯 ● medio 平均の ● frente a ～に対して ● por otro lado 他方
- la esperanza de vida 平均寿命 ● pasar a ser ～し始める ● centenario/a 100歳ぐらいの
- al menos 少なくとも

コラム

Balnearios en España　スペインの湯治場

　スペイン人が温泉 las aguas termales につかるイメージはあまりありませんが、スペイン全国に温泉療法 la balneoterapia のための湯治場 el balneario は約50か所あります。湯治場は Galicia ガリシア、el País Vasco バスク、Aragón アラゴン、Valencia バレンシア、Andalucía アンダルシアなどの自治州 las Comunidades Autónomas に点在します。

　グラナダのアラマ・デ・グラナダ Alhama de Granada に、ホテル形式のアラマ・デ・グラナダ湯治場 el balneario de Alhama de Granada があります。アラビア語の「風呂」という意味のアル・ハンマーム al-hammah に由来します。紀元前3〜5世紀初めごろまでスペインを支配したローマ帝国 el Imperio Romano の時代から、治癒効果のある温泉 las aguas curativas として知られていましたが、湯治場は12世紀にイスラムのムワッヒド朝 la época almohade の支配下に置かれたころに作られました。

　イスラム様式を思わせる建築の施設には、屋内外に温泉があります。室外の温泉が露天風呂 el baño al aire libre にあたるのですが、一見すると温水プール la piscina climatizada のようです。基本的に混浴で、湯治客 el/la bañista de un balneario は水着で入ります。温泉につかるのはもちろん、温泉の湯を浴びながらマッサージを受けたりして数日を過ごします。

Lección 9 · El Santuario Sintoísta de Meiji

明治神宮

内容　通訳ガイドの Emi は Manuel を明治神宮に案内し、参拝の仕方などを教えます。

文法　受身

Diálogo ▎会話 ▎明治神宮に案内

⬇ 49 ⏺ 2-1

En el camino de acceso al Santuario Sintoísta de Meiji

Emi : ¡Hola, Manuel! ¿Qué tal? Yo soy Emi. Me alegro de conocerte. Voy a ser tu guía e intérprete en tu visita al Santuario Sintoísta de Meiji.

Manuel : ¡Hola, Emi! Yo también me alegro de conocerte.

Emi : Este santuario está dedicado al Emperador Meiji y a la Emperatriz Meiji. Las ceremonias de bautismo de un niño y de boda se realizan según el rito sintoísta.

Manuel : A propósito, yo soy cristiano, ¿cuál es vuestra religión?

Emi : En Japón las tres religiones más importantes por el número de fieles son el sintoísmo, el budismo y el cristianismo.

Manuel : ¿Tú eres sintoísta?

Emi : Bueno, un 80 % de los japoneses dice ser sintoísta y un 70 %, budista. Es decir, los japoneses somos sintoístas y budistas al mismo tiempo.

Manuel : ¡Vaya, qué complicado!

Emi : Mira, esto se llama "*Ootorii*", gran pórtico en español, y representa la santidad. Ahí está la pileta del agua purificadora. Nos purificamos las manos y la boca con ese cucharón. Pero no bebas el agua.

Manuel : Bueno, pues vamos a purificarnos. Y aquel edificio, ¿es el santuario principal?

Emi : Sí. El Emperador Meiji falleció en 1912 (mil novecientos doce) y el Santuario de Meiji fue construido en 1920 (mil novecientos veinte). Primero bajamos la cabeza una vez y después hacemos un donativo.

Manuel : Bueno, voy a echar 100 yenes, a ver si me trae buena suerte.

Emi : Ahora tocamos la campanilla, después inclinamos la cabeza dos veces, damos dos palmadas y, por último, inclinamos la cabeza una vez más.

Manuel : Vale. Entonces, voy a rezar para poder estar sano.

Vocabulario 語彙

● **el Santuario Sintoísta de Meiji** 明治神宮 ● **el camino de acceso al santuario sintoísta[templo]** 神社［寺］の参道 ● **el/la guía e intérprete** 通訳ガイド ● **el Emperador Meiji** 明治天皇 ● **la Emperatriz Meiji** 昭憲皇太后 ● **el bautismo de un niño** 小児（幼児）洗礼（ここでは「お宮参り」の意味） ● **el/la cristiano/a** キリスト教徒 ● **el cristianismo** キリスト教 ● **el rito** 儀式 ● **el/la fiel** 信者（=el/la creyente）● **el sintoísmo** 神道 ● **el/la sintoísta** 神道の信者 ● **el budismo** 仏教 ● **el/la budista** 仏教徒 ● **el gran pórtico** 大鳥居 ● **la santidad** 神聖さ ● **la pileta del agua purificadora**（手と口を清める）手水舎 ● **el cucharón** ひしゃく ● **el santuario principal** 本殿 ● **bajar[inclinar] la cabeza** お辞儀する（=hacer una reverencia）● **hacer un donativo** 賽銭を入れる ● **la palmada** 手をたたくこと ● **por último** 最後に ● **una vez más** もう一度

〈主語と動詞の活用が一致しない表現〉

Los japoneses somos sintoístas y budistas al mismo tiempo.

私たち日本人は同時に神道の信者であり、仏教徒でもある。

※「私たち日本人は」と言いたい場合、主語を1人称複数とみなして動詞を活用させる。

〈a ver si ＋ 直説法〉：〜かどうか

Voy a echar 100 yenes, *a ver si* me trae buena suerte.

私に幸運がもたらされるかどうか、100 円を入れてみる。

---

1 **Gramática** 文法　　　　↓ 51 ○ 2-3

① ser 受身（ser ＋過去分詞 [＝主語の性数に一致] ＋ por ＋ 行動を取る人） voz pasiva con SER

¿Cómo **fue acogido** el estudiante japonés por su familia anfitriona de España?

— Fue bien acogido.

「日本人の学生は、スペインのホスト・ファミリーにどのように受け入れられましたか？」「とても歓迎されました」

¿Cómo criaron a los niños los Sres. López?

— Los niños **fueron mimados** por sus padres.

「ロペス夫妻は子どもたちをどのように育てましたか？」「子どもたちは両親に甘やかされました」

El Santuario Sintoísta de Meiji **fue construido** en 1920.

明治神宮は 1920 年に建設されました。

② 再帰受身（〈se ＋動詞〉の3人称 ＋ 主語） voz pasiva refleja

¿Qué idiomas **se hablan** en Cataluña?

— **Se hablan** dos idiomas, el catalán y el castellano.

「カタルーニャでは何語が話されますか？」「カタルーニャ語とスペイン語の 2 つの言語が話されます」

Las ceremonias de boda **se realizan** según el rito sintoísta.

結婚式は神道の儀式に従って挙げられます。

El Estadio Nacional de Yoyogi **se construyó** en septiembre de 1964.

国立代々木競技場は 1964 年 9 月に建設されました。

Ejercicios 練習問題

（　　）内の動詞を、適切な受身形に活用させましょう。

(1) España (**invadir**) por los musulmanes en el siglo VIII (octavo / ocho).

(2) Su nombre (**conocer :** 現在形) por los japoneses.

(3) Estos libros (**escribir :** 過去形) por un famoso escritor español.

(4) El templo (**construir**) en el siglo XVI (dieciséis).

(5) En Guinea Ecuatorial los idiomas que (**hablar :** 現在形) son el español, el francés y las lenguas autóctonas.

(6) En la universidad (**usar :** 現在形) este diccionario.

Composición 作文

スペイン語にしましょう。

1. あの店では客は丁寧に扱われます。

2. 君たちは両親に同じように（de la misma manera / sin diferencias）育てられました。

3. 浅草寺（El Templo Budista de Sensoji）は 17 世紀に建てられました。

4. あなたの名字はどう書きますか？

5. この手紙はパブロ（Pablo）によって書かれました。

① 次の質問に答えましょう。

(1)　¿A quiénes está dedicado el Santuario Sintoísta de Meiji ?

(2)　¿Cuál es la religión de Manuel?

(3)　¿Cuáles son las tres religiones principales de Japón?

(4)　¿En Japón las ceremonias de bautismo de un niño y de boda se realizan según el rito budista?

(5)　¿En qué año falleció el Emperador Meiji?

(6)　¿Cómo rezan los japoneses?

(7)　¿Qué donativo echó Manuel para pedir buena suerte?

(8)　¿Para qué rezó Manuel?

② Diálogo を参考にして、自分にあてはめて（　　）の中に語句を入れ、[　　] 内の語句を選択しましょう。

(1)　Yo [**he estado / no he estado**] en el Santuario Sintoísta de Meiji.

(2)　Al principio del año yo suelo visitar [**el santuario sintoísta / el templo budista**].

(3)　Los japoneses somos (　　　　　　) y (　　　　　　) al mismo tiempo.

(4)　Yo [**soy / no soy**] (　　　　　　　　).

(5)　En la pileta del agua purificadora nosotros (　　　　　　　　) las manos y la boca.

(6)　Antes de hacer un donativo, nosotros (　　　　　　) la cabeza una vez.

(7)　Yo rezo para (　　　　　　　　).

📖 **Palabras relacionadas** 関連用語　　　　　　　　🔽 52 ⏺ 2-4

● **tener un viaje sin problemas** 問題なく旅行する ● **aprobar[pasar] el examen** 試験に合格する
● **conseguir un trabajo** 就職する

4 Ejercicios de conversación e interpretación ｜ 会話練習と通訳練習

⬇ 53 ⭕ 2-5

① p.7 の「使い方」を参考に、会話練習をしましょう。
② 反復練習（リピーティングとシャドーイング）をしましょう。
③ 通訳練習をしましょう。

E. : ¡Hola, Manuel! Yo soy Emi, tu guía e intérprete. Me alegro de conocerte.

M. : ¡Hola, Emi! Yo también me alegro de conocerte.

E. : Este santuario está dedicado al Emperador Meiji y a la Emperatriz Meiji.

M. : A propósito, yo soy cristiano, ¿cuál es vuestra religión?

E. : Las tres religiones más importantes de Japón son el sintoísmo, el budismo y el cristianismo.

M. : ¿Tú eres sintoísta?

E. : Bueno, yo soy sintoísta y budista al mismo tiempo.

M. : (¡Qué complicado!)

E. : Esto se llama "*Ootorii*", gran pórtico en español, y representa la santidad. Ahí está la pileta del agua purificadora.

M. : Vamos a purificarnos. Oye, ¿aquel edificio es el santuario principal?

E. : Sí. El Santuario de Meiji fue construido en 1920.

M. : ¿Cómo rezáis en Japón?

E. : Primero bajamos la cabeza una vez y después hacemos un donativo.

M. : Bueno, voy a echar (100 yenes) para pedir buena suerte.

E. : Ahora tocamos la campanilla, después inclinamos la cabeza dos veces, damos dos palmadas y, por último, inclinamos la cabeza una vez más.

M. : Vale. Entonces, voy a rezar para poder (estar sano).

La almadraba: un arte de pesca milenario

Cada primavera, a mediados del mes de abril, en las costas del sureste de España **se produce** una tradición milenaria, la almadraba.

Almadraba es un término de origen árabe que significa "lugar donde se golpea o lucha".

La almadraba es un arte de pesca que **se realiza** aprovechando la migración del atún rojo desde las frías aguas del Norte hacia las cálidas aguas del Mar Mediterráneo.

El funcionamiento de este arte pesquero es sencillo, pero muy eficaz: un cerco de redes **es formado** por los pescadores con sus pequeños barcos y, de esta forma, los enormes atunes rojos **son capturados** en ese laberinto de redes. La ventaja de la almadraba es que los atunes **son seleccionados** teniendo en cuenta su tamaño y calidad.

Uno de los pueblos con más tradición almadrabera en el que puede contemplarse este impresionante espectáculo es Zahara de los Atunes, en la provincia de Cádiz.

● **a mediados de** 〜の中ごろ ● **producirse** 起きる ● **el término** 用語 ● **el origen** 起源
● **el arte de pesca** 漁法 ● **la migración** 回遊 ● **el atún rojo** クロマグロ ● **el Mar Mediterráneo**
地中海 ● **el funcionamiento** 仕組み ● **el cerco de redes** 網での囲い込み ● **de esta forma**
このようにして ● **el laberinto** 迷路 ● **tener en cuenta** 〜を考慮に入れる ● **almadrabero**
アルマドラバの ● **Zahara de los Atunes** サハラ・デ・ロス・アトゥネス（スペインカディス県の村）

コラム

La religión en Japón y en España　日本とスペインの宗教

　大半の日本人は神道も仏教も信仰しますが、毎週神社 el santuario sintoísta や寺 el templo budista にお参り rezar に行くわけではないことは、多くがカトリック el/la católico/a のスペイン語圏の人には理解しにくいことでしょう。日本の家には神棚 el altar doméstico sintoísta や仏壇 el altar budista があり、宮参り el bautismo de un niño、元旦 el día de Año Nuevo、結婚式 la boda、旅の無事や入学試験合格などの祈願 el rezo / la oración をする習慣があります。外国人に「宗教は生活の中に根付いている」La religión está arraigada en la vida cotidiana. と説明するとある程度理解してもらえます。

　スペインでは人口の約7割がカトリックと言われていますが、毎週日曜日にミサ la misa に行き告解 la confesíon するといった熱心なカトリック教徒は15%にすぎません。しかし、洗礼式 el bautismo、聖体拝領 la comunión 等のカトリックの儀式は受け継がれています。スペインの結婚式 la boda は、以前は日本の結納 el intercambio de regalos de los esposales に相当する求婚式 la pedida de mano を行い教会で式を挙げる習慣がありましたが、現在は家庭裁判所 el juzgado de familia で行う結婚式 la boda civil が増えています。どちらも時代の変化とともに宗教離れが進み、儀式は日常の習慣として考えられているといえます。

10

En un bar

バルで

内容 　Manuel と Atsuko は、渋谷にオープンしたバルへタパスを食べに行きます。

文法 　gustar 型構文

Diálogo 　会話 　タパスを食べてみない？ 　　　⬇ 55 ⏺ 2-7

En un bar de Shibuya

Manuel　: Este bar de Shibuya acaban de inaugurarlo y
　　　　　aquí trabaja un camarero español.

Atsuko　: Me gusta este bar. Me siento como si estuviera
　　　　　en un bar de España.

Manuel　: Antes se creía que, si un bar tenía el suelo sucio
　　　　　a causa de la basura tirada por los clientes, eso era señal de ser un bar muy
　　　　　concurrido.

Atsuko　: ¡Ah, sí! No lo sabía.

Manuel　: Bueno, vamos a llamar al camarero. ¡Camarero!

Camarero : Buenas tardes. ¿Qué quieren tomar?

Manuel　: Yo, una cerveza bien fría, por favor.

Atsuko　: Pues a mí me encanta el vino tinto. Una copa de vino tinto, por favor.

Camarero : Muy bien. ¿Les apetece algo para picar? Tenemos unas tapas muy ricas.

Manuel　: Atsuko, ¿quieres comer algo?

Atsuko　: Sí. Es la primera vez que pruebo las tapas españolas.

Manuel　: Estas tapas tienen una pinta estupenda. Atsuko, ¿a ti qué te apetece?

Atsuko　: Yo quiero una tapa de jamón ibérico y otra de ensaladilla.

Manuel　: Y para mí, una tapa de salpicón de marisco y otra de tortilla española.

Camarero : ¡Muy bien! Enseguida les sirvo.

Al poco rato

Camarero : Aquí tienen sus bebidas y sus tapas.

Manuel　: Gracias.

Atsuko　: ¡Qué ricas son las tapas españolas!

Manuel　: Bueno, ya estamos satisfechos, así que vamos a pagar la cuenta. Lo bueno
　　　　　es que en Japón no hace falta dar propina al camarero.

Vocabulario 語彙

- acabar de +不定詞 〜したばかりである ● a causa de 〜が理由で ● ser señal de 〜の印である
- concurrido/a 混み合った ● una copa de 1杯の ● el vino tinto [blanco / rosado] 赤[白／ロゼ]ワイン ● la tapa つまみ、タパス ● tener una pinta estupenda / tener buena pinta とてもおいしそう ● el jamón ibérico イベリコ豚のハム ● la ensaladilla ポテトサラダ ● el salpicón de marisco(s) 酢漬けの魚介類（タパスの一種） ● pagar la cuenta 会計をする、支払う ● no hace falta +不定詞 〜しなくていい

〈como si + 接続法過去〉：まるで〜のようである

Me siento *como si estuviera* en un bar de España.　　私はまるでスペインのバルにいるように感じる。

〈Lo bueno es que + 直説法〉：〜とは良いことである

Lo bueno es que en Japón no *hace falta* dar propina al camarero.
日本ではウエイターにチップをあげなくていいのは良いことだ。

1 Gramática 文法

① gustar 構文 〈A +前置詞格人称代名詞＋間接目的格人称代名詞（me, te, le, nos, os, les）+ gusta / gustan +主語〉　el verbo GUSTAR

A mí me **gusta** jugar al fútbol.　　私はサッカーをするのが好きです。

※「サッカーをすること」が主語で、「サッカーが私に好きにさせる→私はサッカーが好きだ」になります。
gustar は主語に合わせて活用し、〈A +前置詞格人称代名詞〉は省略されることもあります。

A nosotros nos **gustan** los deportes.　　私たちはスポーツが好きです。

A ella le **gustan** las tapas.　　彼女はタパスが好きです。

A Manuel le **gustó** el pescado crudo cuando fue al restaurante de *sushi*.
マヌエルは寿司屋に行ったとき、刺身が気に入りました。

② gustar 型動詞（encantar, apetecer, parecer, interesar, doler, costar など）：gustar と同じ用法　otros verbos semejantes al verbo GUSTAR

A Atsuko le **encantan** los bares españoles.
敦子はスペインのバルが好きです。

A ella le **apetecen** las tapas.
彼女はタパスが食べたい。

¿Qué les **pareció** Madrid? — **A nosotros** nos **pareció** muy dinámico.
「あなたがたにとってマドリードはどうでしたか？」「私たちにはとてもダイナミックに見えました」

¿**A vosotros** os **interesan** las redes sociales? — Sí, nos **interesan** mucho.
「君たちは SNS に興味がありますか？」「ええ、とても興味があります」

¿Te encontrabas mal ayer? — Sí, me **dolía** mucho la garganta.
「君は昨日具合が悪かったの？」「うん、喉がとても痛かった」

Me **cuesta** mucho terminar esta tarea.
この課題を終えるのは手間がかかります。

Ejercicios 練習問題

（　　）内に適切な目的格人称代名詞を入れ、（　　）の動詞を適切な形に活用させましょう。

(1) A mí (　　　　　　) (**gustar**　　　　　　　　) estudiar español.

(2) ¿A ti (　　　　　　) (**interesar**　　　　　　　　) España?

(3) A Atsuko (　　　　　) (**gustar**　　　　　　　　) las tapas españolas.

(4) A nosotros (　　　　) (**apetecer**　　　　　　　　) comer paella y tapas.

(5) ¿A vosotros(　　　　) (**encantar**　　　　　　　) jugar al fútbol?

(6) ¿A ustedes (　　　　) (**gustar**　　　　　　　) el desayuno de esta mañana?

(7) Oye, Manuel, ¿qué (　　　　　) (**parecer**　　　　　　　) estos zapatos?

Composición 作文

スペイン語にしましょう。

1. 私はトルティージャとイベリコ豚のハムが食べたい（apetecer）。

2. 君はスポーツすることに興味があるの（interesar）？

3. 私たちは宿題をするのに手間がかかりました（costar）。

4. 君達はサラマンカ（Salamanca）に行きたいのですか（gustar）？

① 次の質問に答えましょう。

(1) ¿Dónde está el bar a donde van Atsuko y Manuel?

(2) ¿Por qué a Atsuko le gusta el bar?

(3) Antes en España, si un bar tenía el suelo sucio, ¿qué se pensaba?

(4) ¿Qué toma Manuel?

(5) ¿A Atsuko le encanta tomar vino blanco?

(6) ¿Qué le apetece comer a Atsuko?

(7) ¿Qué pide Manuel para picar?

(8) ¿Qué dijo Manuel al pagar la cuenta?

② Diálogo を参考にして、自分にあてはめて（　　）の中に語句を入れ、[　　] 内の語句を選択しましょう。

(1) [**He estado / no he estado**] en un bar español.

(2) Yo quiero ir al bar con (　　　　　　　　　　).

(3) En el bar lo primero que yo quiero beber es (　　　　　　　　).

(4) A mí me apetece (　　　　　　　　　　).

(5) Le recomiendo a mi [**amigo / amiga**] (　　　　　　　　) para comer.

(6) Yo tomo (　　　　　　　　) de postre.

(7) Yo [**quiero / no quiero**] probar el arroz con leche.

📖 **Palabras relacionadas** 　関連用語　　　　　　　　　　⬇ 58 　🔘 2-10

● **la aceituna** オリーブの実 ● **la tortilla española** スペイン風オムレツ ● **el adobo** マリネ
● **la albóndiga** 肉団子 ● **los calamares a la romana** イカリング揚げ ● **los champiñones** マッシュルームのオリーブオイル揚げ ● **la croqueta** コロッケ ● **las gambas al ajillo** エビのアヒージョ（ニンニクのソース）
● **el canapé** カナッペ（一口大の薄切りのパンにつまみを乗せたもの）● **la empanada** 魚介類・肉・野菜のパイ
● **las patatas bravas** ジャガイモの揚げ物 ● **el gazpacho** ガスパチョ（トマトの冷たいスープ）
● **los pinchos** ピンチョス（串に刺したつまみ）● **el flan** プリン ● **el arroz con leche** お米のミルク煮（甘いデザート）

4　Ejercicios de conversación e interpretación　会話練習と通訳練習

⬇ 59　⏺ 2-11

① p.7 の「使い方」を参考に、会話練習をしましょう。
② 反復練習（リピーティングとシャドーイング）をしましょう。
③ 通訳練習をしましょう。

M.　：　Este bar acaban de inaugurarlo y aquí trabaja un camarero español.

A.　：　Me gusta este bar.

M.　：　Bueno, vamos a llamar al camarero. ¡Camarero!

C.　：　Buenas tardes. ¿Qué quieren tomar?

M.　：　Yo, una cerveza bien fría, por favor.

A.　：　Pues yo, (un vino tinto).

C.　：　Muy bien. ¿Les apetece algo para picar? Tenemos unas tapas muy ricas.

M.　：　Estas tapas tienen una pinta estupenda. Atsuko, ¿a ti qué te apetece comer?

A.　：　Yo quiero una tapa de (jamón ibérico y otra de ensaladilla).

M.　：　Y para mí, una tapa de (salpicón de marisco) y otra de (tortilla española).

C.　：　¡Muy bien! Enseguida les sirvo.

(Al poco rato)

C.　：　Aquí tienen sus bebidas y sus tapas.

A.　：　Gracias. (¡ Qué ricas son las tapas españolas!)

M.　：　¿Te han gustado las tapas, verdad?

A.　：　(Sí, mucho).

Ensalada de arroz
お米のサラダ

Parillada de carne
牛肉のグリル

Puesto de venta de aceitunas y encurtidos
オリーブ売場

👓 Lectura 読み物

⬇ 60 ▶ 2-12

La afición de Margarita al cine

Una de las aficiones de Margarita es ver películas. A ella le **gustan**, sobre todo, las de suspense. También le **interesan** las de ciencia ficción.

Los domingos suele ir al cine con su amiga Rosa para divertirse con películas populares. A Rosa le **encantan** las de miedo.

El pasado domingo ellas vieron la última película de Pedro Almodóvar, titulada "Dolor y gloria" y protagonizada por Antonio Banderas y Penélope Cruz. A ellas les **pareció** una película extraordinaria.

Después de verla, entraron en una cafetería. A Margarita le **apetecía** tomar una limonada y Rosa pidió un helado. Mientras los tomaban, charlaron entusiasmadas de la película, basada en la vida y las experiencias del cineasta manchego.

Tras disfrutar mucho con la última película de Almodóvar, las dos regresaron pronto a casa, pues al día siguiente tenían clase desde la primera hora.

- la película de suspense[miedo / ciencia ficción] サスペンス [ホラー／ SF] 映画
- la última película 新作 ● Pedro Almodóvar ペドロ・アルモドバル（スペイン人の映画監督）
- Dolor y gloria 英題 Pain and Glory（映画のタイトル）● protagonizar 主演する ● Antonio Banderas アントニオ・バンデラス（スペイン人の俳優）● Penélope Cruz ペネロペ・クルス（スペイン人の女優）
- extraordinario/a すばらしい ● el cineasta manchego ラ・マンチャ（La Mancha）出身の監督
- al día siguiente 翌日 ● la primera hora 1限

コラム

Tapas　タパス

　タパス tapas という語は、大衆的な居酒屋 la taberna や伝統的な家庭料理を提供する食堂 el mesón で、ワイングラスに虫が入らないように、スライスしたパンか一切れのハムでおおった tapar という古い習慣が語源です。タパスの他、肉や野菜を串に刺して提供するピンチョス pinchos や、輪切りにしたフランスパンの上にいろいろな料理を載せるカナッペ el canapé も人気です。昼の定食 el menú del día は量が多く、前菜 el primer plato にパエーリャ paella が出ることもあり、メインディッシュ el segundo plato は肉か魚です。食べきれないときは、Para llevar, por favor. 「持ち帰りたいのです」と言えば、持ち帰り用の器を用意してくれます。

　2016 年 5 月、イニゴ・メンデス教育相 el Ministro de Educación, D. Íñigo Méndez de Vigo は、このタパスを、ユネスコ la Organización de las Naciones Unidas para la Educación, la Ciencia y la Cultura [UNESCO] の世界遺産 el Patrimonio de la Humanidad へ登録することを提案しています。2019 年 7 月時点で、スペインは世界文化遺産 el Patrimonio Cultural de la Humanidad が 42 件、世界自然遺産 el Patrimonio Natural de la Humanidad が 4 件、世界複合遺産 el Patrimonio Cultural y Natural de la Humanidad が 2 件で合計 48 件あり、世界で 3 番目に世界遺産が多い国です。

Una anécdota sobre los Juegos Olímpicos en Japón
オリンピック秘話

内容	Manuel と Emi は 1940 年に日本で開催予定だった幻のオリンピックのことや、1964 年の東京オリンピックについて話をしています。
文法	接続法現在

Diálogo　会話　過去の東京オリンピック開催予定　⬇ 61 ⏺ 2-13

En un cibercafé

Emi : He estado navegando por Internet para informarme de los Juegos Olímpicos en Japón. ¿Quieres que te hable de ello?

Manuel : Sí, por favor. En octubre de 1964 (mil novecientos sesenta y cuatro) tuvieron lugar las Olimpiadas de Tokio, ¿verdad?

Emi : Así es, pero lo cierto es que en 1940 (mil novecientos cuarenta) hubo un intento de celebrar los Juegos Olímpicos en Japón, pero no pudo ser.

Manuel : ¿Por qué no pudieron celebrarse entonces en Japón?

Emi : Porque, durante la Segunda Guerra Mundial, Japón fue excluido del Comité Olímpico Internacional (COI). Pero en 1951 (mil novecientos cincuenta y uno) volvió a ser admitido en el COI.

Manuel : A propósito, ¿para las Olimpiadas de 1964 dónde construyeron el Estadio Nacional y la Villa Olímpica?

Emi : El Estadio Nacional se terminó de construir en septiembre de 1964 en Yoyogi, en lo que había sido un terreno militar norteamericano. Y también allí se inauguró la Villa Olímpica de Tokio en septiembre del mismo año.

Manuel : En los próximos Juegos Olímpicos de Verano yo animaré a los equipos japoneses de judo y de boxeo.

Emi : Yo quiero ver las competiciones de natación y de gimnasia rítmica.

Manuel : Por cierto, ¿sabías que Sapporo retiró la candidatura a los Juegos Olímpicos de Invierno de 2026 (dos mil veintiséis)? Aún así, yo espero que, en el futuro, Sapporo sea la ciudad anfitriona de los Juegos Olímpicos de Invierno.

Emi : Entonces yo iré a Sapporo para ver la carrera de esquí de fondo.

Manuel : Yo quiero ver el *curling* y el *bobsleigh*.

Emi : Esperamos que las futuras Olimpiadas tengan mucho éxito.

📖 Vocabulario   語彙

● Los Juegos Olímpicos / las Olimpiadas [主に複数] オリンピック ● el cibercafé インターネットカフェ
● navegar por Internet ネット検索する ● tener lugar / celebrarse 開催される
● la Segunda Guerra Mundial 第二次世界大戦 ● el Comité Olímpico Internacional (COI) 国際オリンピック委員会 (IOC) ● el Estadio Nacional de Yoyogi 国立代々木競技場 ● la Villa Olímpica de Tokio (1964 年) 東京オリンピックの選手村 ● los Juegos Olímpicos de Verano[Invierno] 夏季 [冬季] オリンピック ● el terreno militar norteamericano アメリカの軍用地 ● la gimnasia rítmica 新体操 ● aún así それでも ● la ciudad anfitriona 開催都市 ● la carrera レース ● el esquí de fondo クロスカントリー ● el *curling* カーリング ● el *bobsleigh* ボブスレー   *その他オリンピック関連の用語→ p.102

〈Lo cierto es que ＋ 直説法〉：実は〜である
Lo cierto es que en 1940 *hubo* un intento de celebrar los Juegos Olímpicos en Japón.
                          実は 1940 年に日本でオリンピック開催の試みがあった。

〈en lo que を使った表現〉：そこは〜である
El Estadio Nacional *se construyó* en Yoyogi, *en lo que había sido* un terreno militar
norteamericano.   国立代々木競技場は代々木に建設されたが、そこは以前アメリカの軍用地だった。

※直説法点過去と直説法過去完了を組み合わせた文

〈esperar que ＋ 接続法〉：願望を表す表現に使われる接続法
Aún así, yo *espero que* Sapporo *sea* la ciudad anfitriona de los Juegos Olímpicos de Invierno en 2030.   それでも私は札幌が 2030 年冬季オリンピックの開催都市になってほしい。

❶ Gramática   文法   ⬇ 63 ⏺ 2-15

接続法現在   presente de subjuntivo

① **名詞節（主節の動詞が意思、願望、義務、依頼、可能性、疑惑、命令、禁止、感情等）**

   oraciones sustantivas

¿Quieres que te lo **cuente**? ― Sí, necesito que me lo **expliques**.
   「君はそれを話してほしい？」「はい、説明してもらう必要があります」

Le pido a Carmen que me **enseñe** su dirección de correo electrónico.
   カルメンに彼女のメールアドレスを教えてくれるように頼みます。

Manuel todavía no ha llegado. Dudo que él **llegue** a las nueve.
   まだマヌエルは来ていない。9 時に来るか疑わしい。

Mis padres me prohíben que yo **use** el teléfono inteligente más de tres horas al día.
   私の両親は、私にスマートフォンを 1 日 3 時間以上使うことを禁止しています。

② **形容詞節（従属節が先行詞を修飾。従属節の内容が未定なら接続法、従属節の内容が確実なら直説法）** oraciones con pronombre relativo

Busco una cafetería en la que **sirvan** buenas infusiones en Tokio.
   東京で良いハーブティーを出すカフェテリアを探しています。

He encontrado una cafetería en la que **sirven** buenas infusiones en Tokio.
   東京で良いハーブティーを出すカフェテリアを見つけました。

③ 副詞節（従属節の内容が未定なら接続法、確実なら直説法） oraciones adverbiales y sus nexos

● para que, a condición de que, sin que, a medida que, hasta que, antes [después] de que 等に
後続する接続法

Te explico sobre las Olimpiadas para que **sepas** más sobre la historia de los Juegos
Olímpicos en Japón.

> 君が日本のオリンピックの歴史をもっと知るために、オリンピックについて説明します。

● cuando, aunque に後続する接続法（従属節の内容が未定なら接続法、確実なら直説法）

Aunque no **pase** ningún coche, los japoneses respetan los semáforos.

> たとえ自動車がまったく走っていなくても、日本人は信号を守ります。

Cuando **sea** mayor, yo quiero hacerme futbolista.

> 大きくなったら、僕はサッカー選手になりたい。

2 Ejercicios y Composición ┃ 練習問題と作文

Ejercicios 練習問題

（　　）の動詞を適切な形に活用させましょう。

⑴ Yo espero que ellos (**disfrutar**　　　　　　　　　) de las vacaciones.

⑵ Tú no crees que Manuel (**venir**　　　　　　　　) a las nueve, ¿verdad?

⑶ Vosotros vais a pedir al profesor que os (**hacer**　　　　　) un examen
fácil.

⑷ La madre dice a sus hijos que (**dejar**　　　　　) de pelearse
inmediatamente.

⑸ ¿Tú conoces a alguien que (**poder**　　　　　　　) acompañarme?

Composición 作文

スペイン語にしましょう。

1.　日本では電車が定刻通りに到着するのは普通です（Es normal que ～）。

2.　彼が奨学金をもらうとは驚きです（Me sorprende que ～）。

3.　たとえエドゥアルド（Eduardo）がスペインに帰国しても、私たちの友情は続くでしょう。

4. 大学を卒業したら、バルセロナを訪れたいです。

3 Repaso y aplicación　復習と応用

① 次の質問に答えましょう。

(1) ¿Manuel pidió a Emi que le hablara sobre las Olimpiadas en Japón?

(2) ¿Es cierto que se iban a celebrar los Juegos Olímpicos de 1940 en Japón?

(3) ¿En qué año tuvieron lugar los primeros Juegos Olímpicos de Tokio?

(4) ¿Qué ocurrió en 1951?

(5) ¿Qué había antes en el lugar donde está el Estadio Nacional de Yoyogi?

(6) ¿Cuándo se inauguró la Villa Olímpica de Yoyogi?

② Diálogo を参考にして、自分にあてはめて（　　）の中に語句を入れ、[　　]内の語句を選択しましょう。

(1) Yo [**he oído** / **no he oído**] hablar de los Juegos Olímpicos de Tokio de 1964.

(2) En los próximos Juegos Olímpicos de Verano yo quiero animar al equipo de (　　　　　　　　　).

(3) En los próximos Juegos Olímpicos de Invierno yo quiero ver (　　　　　　　　　).

(4) Yo (**ir**　　　　) a observar unas pruebas de las Olimpiadas de Tokio de 2020.

(5) Yo quiero que, en el futuro, Sapporo (**ser**　　　　) la ciudad anfitriona de los Juegos Olímpicos de Invierno.

(6) Yo quiero que los equipos japoneses (**tener**　　　　) mucho éxito en las Olimpiadas.

📖 **Palabras relacionadas**　関連用語　　　⬇ 64　⏺ 2-16

● el olimpismo オリンピック精神 ● la inauguración / la ceremonia[el acto] inaugural[de clausura] 開会式 [閉会式] ● el fuego sagrado / la llama olímpica 聖火 ● el equipo 選手団
● el juramento olímpico 選手宣誓 ● la medalla de oro[plata / bronce] 金 [銀／銅] メダル
● los Juegos Paralímpicos パラリンピック ● el dopaje ドーピング ● las pruebas / las competiciones / los juegos 競技、種目 ● la mascota マスコット　　　　　* 種目の用語→ p. 102

4 Ejercicios de conversación e interpretación ▍ 会話練習と通訳練習

⬇ 65 ⏺ 2-17

① p.7 の「使い方」を参考に、会話練習をしましょう。
② 反復練習（リピーティングとシャドーイング）をしましょう。
③ 通訳練習をしましょう。

E. : He estado navegando por Internet para informarme de los Juegos Olímpicos en Japón.

M. : Yo he leído que en octubre de 1964 tuvieron lugar las Olimpiadas de Tokio.

E. : Lo cierto es que en 1940 hubo un intento de celebrar los Juegos Olímpicos en Japón, pero no pudo ser.

M. : ¿Por qué no pudieron celebrarse en Japón?

E. : Porque, durante la Segunda Guerra Mundial, Japón fue excluido del Comité Olímpico Internacional.

M. : En los próximos Juegos Olímpicos de Verano yo animaré a los equipos japoneses de (judo y de boxeo).

E. : Yo quiero ver las competiciones de (natación y de gimnasia rítmica).

M. : Por cierto, ¿sabías que Sapporo retiró la candidatura a los juegos Olímpicos de Invierno de 2026? Aún así, yo espero que, en el futuro, Sapporo sea la ciudad anfitriona de los Juegos Olímpicos de Invierno.

E. : Entonces yo quiero ver la carrera de (esquí de fondo).
Esperamos que las futuras Olimpiadas tengan mucho éxito.

Corredores en una carrera popular
マラソン大会の走者

Paseo de La Rambla con el Monumento a Colón al fondo, en Barcelona
バルセロナのコロンブスの塔を背景にした
ランブラス通り

👓 Lectura 読み物　⬇ 66　⭕ 2-18

Paseo por La Rambla

Beatriz está esperando en la Plaza de Cataluña a que **llegue** su novio Fernando y mientras espera, mira las palomas que picotean migas de pan. Han quedado a las cuatro de la tarde para pasear por La Rambla, pero Beatriz teme que Fernando **se retrase**, como siempre. Por fin, llega Fernando, pero quince minutos tarde. Beatriz le reprocha su comportamiento, pero a él no le importa que ella **se enfade**.

Los dos comienzan a pasear hacia el Monumento a Colón. Tras caminar un rato, Fernando busca sitio en una terraza en la que **puedan** sentarse para tomar algo y charlar mientras observan a los paseantes.

Luego prosiguen su paseo hasta encontrar el Monumento a Colón, construido para la Exposición Universal de Barcelona de 1888. A Beatriz y Fernando les encanta callejear y disfrutar del ambiente que se respira en Las Ramblas, entre sus puestos de venta de flores y de pájaros, y en el mercado de San José, popularmente conocido como el mercado de La Boquería.

- **picotear migas de pan** パンくずをついばむ ● **la Plaza de Cataluña** カタルーニャ広場
- **el Monumento a Colón** コロンブスの塔 ● **el/la paseante** 散歩する人
- **el barcelonés / la barcelonesa** バルセロナの人 ● **además de** ～の他に
- **el Mercado de San José** サンジョセップ市場 ● **La Boquería** ラ・ボケリア（サンジョセップ市場の通称）
- **callejear** ぶらぶらする ● **el puesto de venta** 販売用のスタンド
- **la Exposición Universal de Barcelona** バルセロナ万博

コラム

Variedad del discurso　スピーチの違い

日本政府が招待する外国人のための歓迎会 la recepción では、日本人はまず自分で肩書きと名前を挙げて、"Gracias por su presentación. Soy el Sr. Yamada, Rector de la Universidad de Kokusai." 「ただいまご紹介にあずかりました国際大学学長の山田です」と言います。しかしヨーロッパ式では自分で言わず、紹介してくれた人の名前を挙げて Gracias. と言います。

次に、招待された人が社会的地位の高い人の場合は、名前の前に Su Excelencia / Excelentísimo Señor（閣下）などの敬称をつけて呼びかけます。その後、自分の所属機関に En nombre de（～を代表して）をつけ、"deseamos expresarles nuestra más cordial bienvenida en su visita a Japón." 「みなさまの日本訪問を心から歓迎します」と挨拶します。さらに、"Les agradecemos su participación en esta recepción, a pesar de su apretada agenda." 「ご多忙の折このレセプションへの出席に感謝します」と続けます。「ご多忙の折」は日本人には常套句ですが、あるスペイン人は "Si hubiera estado ocupado, no habría venido a Japón." 「もし忙しかったら日本に来なかったのに」とスペイン人らしい感想を述べました。さらに式典の主旨などに触れ、最後に "Muchas gracias a todos por su atención." 「みなさん、ご清聴ありがとうございます」で締めくくります。よく練られた原稿を律儀に読むのが日本式、ジョークを交えて即興で話すのがスペイン式です。

El tren bala japonés

新幹線

内容 │ Manuel と Emi は新幹線に乗って、東京から京都まで旅します。Manuel は初めて見る富士山に興奮し、駅弁にも興味津々です。

文法 │ quizá（quizás）を使った接続法、比較級（形容詞／副詞）

⬡ Diálogo │ 会話 │ 東京から京都までの新幹線の旅 ⬇ 67 ⏺ 2-19

En el andén del tren bala japonés en la estación de Tokio

Manuel : Tenía ganas de viajar en el tren bala para visitar Kioto.

Emi : El tren bala se inauguró en octubre de 1964 (mil novecientos sesenta y cuatro) entre las estaciones de Tokio y Shin Osaka. Hay tres tipos de trenes: *Kodama, Hikari* y *Nozomi,* según la duración del viaje.

Manuel : ¿Cuál vamos a tomar?

Emi : Hoy vamos a subir al *Nozomi,* que es el más rápido. Su velocidad máxima es de 300 kilómetros por hora. La distancia entre Tokio y Kioto es de unos 510 kilómetros y tardaremos unas dos horas. Quizá se pueda contemplar el Monte Fuji en el lado derecho. Y a nuestra izquierda queda el Océano Pacífico.

Manuel : Espero poder ver el Monte Fuji.

Emi : Ahora estamos pasando por Odawara. La estación siguiente es Atami y, después, Mishima. Por aquí, como hoy hace buen tiempo, quizá veamos el Monte Fuji.

Manuel : ¡Mira, allí está el Monte Fuji! Su altitud es de 3.776 (tres mil setecientos setenta y seis) metros. Es la montaña más alta de Japón.

Emi : En 2013 el Monte Fuji fue declarado Patrimonio de la Humanidad.

Manuel : Mira, viene una azafata con un carrito. ¿Qué hace?

Emi : Vende comidas, bebidas y, también, algunos regalos.

Manuel : Nosotros normalmente compramos bocadillos en algún kiosco.

Emi : En Japón también. Ya hemos pasado por la estación de Nagoya. Es la tercera ciudad más grande de Japón, tras Tokio y Osaka. Dentro de media hora se verá la pagoda de cinco pisos de Toji.

Manuel : Bueno, ya estamos llegando a Kioto, la antigua capital de Japón.

📖 Vocabulario 語彙

- el Monte Fuji 富士山 ● la velocidad máxima 最高速度 ● por hora 1時間につき
- el Océano Pacífico 太平洋 ● ser declarado/a 宣言される→登録される
- el Patrimonio Cultural [Natural] de la Humanidad（人類の）世界文化［自然］遺産
- la azafata 客室乗務員、乗務員* ● el kiosco / el quiosco キオスク ● dentro de ～後に
- la pagoda de cinco pisos de Toji 東寺の五重塔
  <ruby>東寺<rt>とうじ</rt></ruby> <ruby>五重塔<rt>ごじゅうのとう</rt></ruby>

*azafata は「飛行機の客室乗務員」を意味するが、「新幹線でお弁当や飲み物などをカートで運ぶ乗務員」も azafata に相当する。

〈tener ganas（主に複数）de ＋ 不定詞〉：～したいと思う
Tenía ganas de viajar en el tren bala para visitar Kioto.　　私は京都を訪れるために新幹線で旅行したかった。

1　Gramática　文法

① Quizá (quizás) を使った接続法（軽い疑いなら直説法、疑いが強いなら接続法）

quizá (quizás) + subjuntivo

Como hoy hace buen tiempo, **quizá veamos** el Monte Fuji.
　　今日はいい天気だから、たぶん富士山が見えるでしょう。

Quizá se vea el Monte Fuji, pero creo que no.
　　富士山が見えるかもしれませんが、私はそう思えません。

② Quizá (quizás) と同じ用法の副詞と副詞句（posiblemente 等は直説法も接続法も使う）

adverbios y locuciones adverbiales de probabilidad

Posiblemente[Tal vez] el tren bala **corra[correrá]** a más de 300 kilómetros por hora.
　　たぶん新幹線は時速300km以上で走ります［走るでしょう］。

③ 比較級　grado comparativo del adjetivo y del adverbio

● 優等比較級：～よりもっと～である〈más ＋ 形容詞／副詞 ＋ que〉

Tokio y Osaka son **más grandes que** Nagoya.
　　東京と大阪は名古屋よりも大きいです。

● 劣等比較級：～よりもっと～でない〈menos ＋ 形容詞／副詞 ＋ que〉

Nagoya es **menos grande que** Tokio y Osaka.
　　名古屋は東京と大阪ほど大きくありません。

● 同等比較級：～と同じように～である〈tan ＋ 形容詞／副詞 ＋ como〉

Nueva York es una ciudad **tan desarrollada como** (la ciudad de) Tokio.
　　ニューヨークは東京と同じぐらい発展しています。

● 形容詞の最上級：～の中で最も～である〈定冠詞 ＋ 名詞 ＋ más ＋ 形容詞 ＋ de〉

El Monte Fuji es la montaña **más alta de** Japón.　富士山は日本で一番高い山です。

● 副詞の最上級

Mi abuelo es el que camina **más lento de** toda la familia.
　　私の祖父は家族の中で一番遅く歩きます。

● 不規則形（mejor と peor、mayor と menor）

Este ordenador es **mejor que** aquel.　　　このパソコンはあれより良いです。

Aquel ordenador era **peor que** este.　　　あのパソコンはこのパソコンより良くなかったです。

Paco es **mayor que** Emi.　　　パコはエミより歳上です。

Emi es **menor que** Paco.　　　エミはパコより歳下です。

2　Ejercicios y Composición ┃ 練習問題と作文

Ejercicios ┃ 練習問題

（　　）内の動詞を適切な形に活用させ、[　　]内の単語を選択しましょう。

⑴　Según el pronóstico del tiempo va a llover mañana. Quizá (**llover**　　　　　)
mañana.

⑵　Ya es tarde. Tal vez Francisco no te (**llamar**　　　　　).

⑶　El tren bala *Nozomi* es [**más / menos**] rápido que el tren bala *Hikari*.

⑷　El tren bala *Kodama* es [**más / menos**] rápido que el tren bala *Hikari*.

⑸　China es el país [**más / menos**] poblado del mundo.

⑹　La Antártida es el continente [**más / menos**] cálido del mundo.

⑺　Yo tengo tantos amigos [**como / que**] tú.

Composición ┃ 作文

スペイン語にしましょう。

1.　東京スカイツリー（la Torre Tokyo Sky Tree）は東京タワー（la Torre de Tokio）より高いです。

2.　私は誰よりもスペイン語の予習をします（más que nadie）。

3.　イタリアは世界で最も世界遺産（el Patrimonio Mundial）が多い国です。

4.　バチカン市国（la Ciudad del Vaticano）は東京ほど大きくありません。

① 次の質問に答えましょう。

　(1)　¿A dónde van Manuel y Emi?

　(2)　¿Cúal es la velocidad máxima del tren bala *Nozomi*?

　(3)　¿El tren bala *Nozomi* es menos rápido que el *Hikari* o el *Kodama*?

　(4)　¿Desde qué lado del vagón pueden ver el Monte Fuji Emi y Manuel?

　(5)　¿Cuál es la montaña más alta de Japón?

　(6)　¿El Monte Fuji fue declarado Patrimonio de la Humanidad?

　(7)　¿Nagoya es la ciudad más grande de Japón?

　(8)　¿Kioto es la actual capital de Japón?

② Diálogo を参考にして、自分にあてはめて（　　）の中に語句を入れ、[　　] 内の単語を選択しましょう。

　(1)　Cuando tomo el tren bala en la estación de Tokio para visitar Kioto, yo prefiero [**el *Nozomi* / el *Hikari* / el *Kodama***] porque （

　　　　　　　　　　　　　　　　　　　　　　　　　　　　　　　　　　　　　　　).

　(2)　Yo prefiero sentarme en el lado （　　　　　　） porque （
　　　　　　　　　　　　　　　　　　　　　).

　(3)　Desde el tren bala se podrá observar （　　　　　　　　　　　　　　）.

　(4)　Si viene una azafata con un carrito, compraré （　　　　　　　　　　）.

　(5)　También compraré （　　　　　　　　） para beber.

　(6)　Después, [**dormiré un rato / leeré un libro / enviaré un correo electrónico**].

　(7)　En Kioto me gustaría visitar （　　　　　　　　　　　　　　）.

📖 **Palabras relacionadas** ■ 関連用語　　　⬇ 70 ⏺ 2-22

● el Patrimonio de la Humanidad / el Patrimonio Mundial 世界遺産 ● el Patrimonio (Cultural) Inmaterial de la Humanidad 世界無形文化遺産 ● el Patrimonio Cultural y Natural de la Humanidad 世界複合遺産 ● el vagón de primera clase グリーン車 (一等車) ● la comida típica de cada estación 駅弁 ● el coche comedor 食堂車 ● el billete de asiento reservado 座席指定券 ● el revisor 車掌 ● el Castillo de Odawara 小田原城 ● el lago Hamana 浜名湖 ● el Pabellón de Oro[Plata] 金閣寺[銀閣寺] ● el Castillo de Nijo 二条城 ● el Palacio Imperial de Kioto 京都御所

4 ## Ejercicios de conversación e interpretación　会話練習と通訳練習

↓ 71　○ 2-23

① p.7 の「使い方」を参考に、会話練習をしましょう。
② 反復練習（リピーティングとシャドーイング）をしましょう。
③ 通訳練習をしましょう。

M. : Tenía ganas de tomar el tren bala para visitar Kioto.

E. : El tren bala se inauguró en octubre de 1964 entre las estaciones de Tokio y Shin Osaka. Hay tres tipos de trenes: *Kodama*, *Hikari* y *Nozomi*.

M. : ¿Cuál vamos a tomar?

E. : Hoy vamos a subir al *Nozomi*. Su velocidad máxima es de 300 kilómetros por hora.

M. : (　¡Estupendo!　)

E. : Quizá se pueda contemplar el Monte Fuji en el lado derecho y el Océano Pacífico en el lado izquierdo.

M. : Espero poder observar (　el Monte Fuji　).

E. : Estamos pasando por Odawara. Quizá podamos ver el Monte Fuji.

M. : ¡Mira, allí está el Monte Fuji! Tenemos suerte. Viene una azafata con un carrito.

E. : Sí, vende comidas, bebidas y, también, regalos. ¿Quieres tomar algo?

M. : Yo quiero tomar (　un sandwich　).

E. : Mira, Manuel, si se ve el templo de Toji, es que ya estamos llegando a Kioto.

M. : Por cierto, en Kioto yo quiero visitar (　el Castillo de Nijo　).

Asientos en un vagón del tren AVE
スペイン高速鉄道AVEの座席

Plaza Real, en el Barrio Gótico de Barcelona
バルセロナのゴシック地区のレイアール広場

Excursión a Montjuic

Margarita está orgullosa de ser catalana. Domina **tanto** el castellano **como** el catalán. Aunque Madrid es **más grande que** Barcelona, ella opina que su ciudad está **tan desarrollada como** Madrid.

Mañana Margarita planea ir de excursión a Montjuic con su amiga Ángela y **quizá** les **acompañe** Pedro, el novio de Ángela.

Según el pronóstico del tiempo, **posiblemente hará** buen tiempo por la mañana. Ellos visitarán Montjuic, que es un pequeño monte y que antiguamente fue una fortaleza militar. En su cima se encuentran el Castillo de Montjuic y un museo militar.

Después de visitar Montjuic quieren trasladarse a la Fundación Joan Miró, conocido pintor catalán, pero eso depende del tiempo porque **tal vez llueva** por la tarde.

Margarita hoy se acuesta a las nueve de la noche para poder levantarse temprano mañana.

- **estar orgullosa de ser** 〜であることを誇りに思う ● **dominar un idioma** ある言葉を上手に話す
- **ir de excursión** 遠足に行く ● **Montjuic** モンジュイックの丘 ● **el pronóstico del tiempo** 天気予報
- **la fortaleza militar** 軍事要塞 ● **la cima** 頂上 ● **el museo militar** 軍事博物館
- **el Castillo de Montjuic** モンジュイック城 ● **trasladarse** 移動する
- **la Fundación Miró** （カタルーニャ人画家ジョアン・ミロの）ミロ美術館

コラム

AVE（Alta Velocidad Española） スペイン高速鉄道AVE

　スペイン高速鉄道 AVE は、1992 年にマドリードのプエルタ・デ・アトーチャ駅 Puerta de Atocha とセビリア・サンタ・フスタ駅 Sevilla Santa Justa を結んで開通しました。アベ ave という言葉はスペイン語で「鳥」を意味し、AVE のシンボルマークにも鳥の翼が描かれています。最高時速 la velocidad máxima およそ 300km で、15 分以上の遅延 el retraso が発生すると、最高 50％の払い戻し la devolución del 50% del importe del billete を保証しています。

　AVE には特等車 club、一等車 preferente、二等車 turista の 3 種類あり、インターネットや切符販売窓口 la taquilla で、通路側の席 el asiento de pasillo、窓際の席 el asiento de ventanilla などを選んで座席指定券 el asiento reservado を購入します。

　乗車する前には、手荷物検査 la inspección de equipaje と、切符とパスポートチェック el control de billetes y pasaportes があります。ホームでは、各車両 el vagón の前で客室乗務員 la azafata が乗客を出迎えてくれます。

　AVE では映画上映があり、座席の配置が日本の列車と違います。日本の座席は全部同じ方向を向いているのに対し、AVE は 2 席ずつ合計 4 席が中央のテーブル席で、「対面式座席」los asientos enfrentados を挟んで、前半分と後ろ半分の座席が向かいあうように配置されています。乗客は思い思いに AVE の旅を楽しんでいます。

13

¿Cómo puedo ir a Ginza?

銀座への行き方

内容 | Emi は、新宿駅で困っている外国人観光客（turista extranjero）に「何かお手伝いしましょうか」と声をかけ、銀座までの行き方と皇居への道案内をします。

文法 | 命令文

Diálogo | 会話 | 地下鉄で銀座までの行き方を教える | ⬇ 73 ⭕ 2-25

En la línea de metro Marunouchi, en la estación de Shinjuku

Emi : ¡Hola!, ¿puedo ayudarle en algo?

Turista : Sí, por favor. Quiero ir a Ginza, pero no sé cómo ir.

Emi : Ahora estamos en el control de acceso a los andenes de la línea de metro Marunouchi, en la estación de Shinjuku. Mire, esa es la máquina expendedora de billetes. Compre uno de 200 yenes.

Turista : ¿Puedo tomar cualquier tren?

Emi : Sí. Nada más pasar por el control de acceso al andén, diríjase al número 2 para Ginza. La octava estación desde Shinjuku es Ginza.

Turista : ¿Cuánto tiempo se tarda y es necesario hacer transbordo?

Emi : Pues, se tarda 16 minutos y no hace falta hacer transbordo. En Ginza, ¿por dónde quiere pasear?

Turista : Quiero ir a los grandes almacenes Mitsukoshi.

Emi : Bueno, entonces tome la salida A7 o la A8, donde se encuentra la fachada de los grandes almacenes. Allí se cruzan las calles Harumi y Chuo y los grandes almacenes están en una esquina del cruce.

Turista : Luego planeo visitar el Palacio Imperial, ¿puede indicarme dónde está?

Emi : Tiene que dirigirse hacia la estación de tren de Yurakucho, en la calle Harumi. Tras caminar unos cinco minutos verá un viaducto. Siga caminando un poco más.

Turista : De acuerdo.

Emi : A la derecha se encuentra el Palacio Imperial.

Turista : Muchas gracias por su ayuda.

Emi : De nada. ¡Que tenga un buen día!

📖 Vocabulario 語彙

● **¿Puedo ayudarle en algo?** 何か助けることは（お手伝い）できますか？ ● **No sé cómo ir.** 行き方がわからない ● **el control de acceso al andén** 改札 ● **la línea de metro Marunouchi** 地下鉄丸ノ内線 ● **la máquina expendedora de billetes** 券売機 ● **nada más ＋不定詞** 〜するとすぐ ● **hacer transbordo** 乗り換える ● **los grandes almacenes** デパート ● **la fachada** 正面 ● **planear ＋不定詞** 〜の計画を立てる ● **el Palacio Imperial** 皇居 ● **la estación de tren de Yurakucho** 電車の有楽町駅 ● **el viaducto del tren** （線路を地上高くかけ渡す）電車の高架橋 ● **seguir ＋現在分詞** 〜し続ける ● **un poco más** もう少し ● **gracias por** 〜をありがとう

〈tener que ＋ 不定詞〉：〜しなければならない
Tiene que dirigirse hacia la estación de tren de Yurakucho.

あなたは電車の有楽町駅のほうに向かわなければならない。

1 Gramática 文法

命令文（通常、主語は省略） imperativo

① **肯定命令** imperativo afirmativo

● **2 人称 tú（直説法現在の 3 人称単数）**

Compra un billete de 200 yenes. 君は 200 円の切符を買いなさい。

Escribe tu diario todos los días. 君は毎日日記をつけなさい。

● **3 人称単数と複数 usted, ustedes（接続法現在）**

Compre usted un billete de 200 yenes. あなたは 200 円の切符を買ってください。

Escriban ustedes un correo electrónico hoy. あなたたちは今日メールを書いてください。

● **1 人称複数 nosotros / nosotras は〈vamos a ＋ 不定詞／接続法現在〉を用いる**

Vamos a purificarnos. 私たちは体を清めましょう。

Esperemos que Paco pueda ver el Monte Fuji. [疑念が強い場合]
私たちはパコが富士山を見られることに期待します（見えるだろうか）。

② **肯定命令と代名詞／再帰代名詞（動詞の語尾に代名詞をつける）**
imperativo afirmativo con pronombres personales

Escríbelo todos los días.
それを毎日書きなさい。

Encamínate (tú) hacia la máquina expendedora de billetes.
君は券売機のほうに歩きなさい。

Diríjase (usted) a la salida A7 o a la A8.
あなたは A7 か A8 の出口に向かってください。

Compraos (vosotros) un billete de 200 yenes hasta Ginza.
君たちは銀座まで 200 円の切符を買いなさい。　　※ *comprad+os* → **comprados* → **compraos**

Encaminémonos (nosotros) hasta el parque Hibiya.
私たちは日比谷公園まで歩きましょう。　　※ *encaminemos+nos* → **encaminemosnos* → **encaminémonos**

③ 否定命令（no ＋接続法現在）　imperativo negativo

No **dobles** (tú) a la derecha.　　　　　君は右に曲がってはいけない。

No **os sentéis** (vosotros) aquí.　　　　君たちはここに座ってはいけない。

No **beba** (usted) el agua purificadora.　あなたは清めの水を飲んではいけません。

No **se dirija** (usted) hacia Tokio.　　　あなたは東京に向かってはいけません。

No **bebamos** (nosotros) demasiada agua.　私たちは水を飲みすぎてはいけません。

2　Ejercicios y Composición　練習問題と作文

Ejercicios　練習問題

（　　）内の動詞を適切な命令形に活用させましょう。

⑴　（ **Comprar**, tú 　　　　　　　　　　） un billete de 220 yenes.

⑵　No （ **comer**, tú 　　　　　　　　　） mucho.

⑶　（ **Irse**, tú 　　　　　　　　　） ahora mismo.

⑷　No （ **irse**, vosotros 　　　　　　　　　　）.

⑸　（ **Ver**, usted 　　　　　　　） a sus amigos.

⑹　No （ **dirigirse**, usted 　　　　　　　） hacia la plaza.

⑺　（ **Hablar**, nosotros 　　　　　　　） sobre la sociedad española.

⑻　No （ **correr**, nosotros 　　　　　　　） demasiado rápido.

Composición　作文

スペイン語にしましょう。

1.　マルタ（Marta）、牛乳を一本買ってきて（tú）。

2.　あなたは朝寝坊してはいけません。

3.　君たち、休暇を楽しんでください。

4.　あなたたちはバスケットのチームを応援してください。

Repaso y aplicación 復習と応用

① 次の質問に答えましょう。

(1) ¿Adónde quiere ir el turista extranjero?

(2) ¿Dónde están el turista extranjero y Emi?

(3) ¿Cuánto cuesta el billete para ir a Ginza desde Shinjuku?

(4) ¿Cuántas estaciones hay entre Shinjuku y Ginza?

(5) ¿Cuánto tiempo se tarda desde la estación de Shinjuku hasta la de Ginza?

(6) ¿A qué salida tiene que dirigirse el turista para ir a los grandes almacenes Mitsukoshi en Ginza?

(7) ¿Después de ir a las grandes alamacenes Mitsukoshi, adónde quiere ir el turista?

(8) ¿Qué se verá tras caminar unos cinco minutos por la calle Harumi en dirección a la estación de Yurakucho?

② **Diálogo** を参考にして、自分にあてはめて （　　　） の中に語句を入れ、[　　　] 内の語句を選択しましょう。

(1) Yo vivo en (　　　　　　　　　). Para ir a Ginza, yo prefiero ir en [**autobús / tren / metro / avión**].

(2) Yo compro un billete en [**la máquina expendedora / la taquilla**].

(3) Desde (　　　　　　) se tarda (　　　　　　　　　　) en llegar a
(　　　　　　　　　).

(4) En Ginza primero yo quiero visitar (　　　　　　　　　　　).

(5) Después me gustaría ir a (　　　　　　　　　　).

(6) Al mediodía yo prefiero comer (　　　　　　　　　).

(7) Si me pierdo allí, yo preguntaré a (　　　　　　　　　).

(8) Si veo a un turista extranjero perdido en el camino, yo [**le / no le**]
(　　　　　　　　　).

📖 **Palabras relacionadas** 関連用語　　⬇ 76 ⏺ 2-28

● **Tokyo Metro** 東京メトロ ● **el teatro Kabuki** 歌舞伎座 ● **la calle libre de coches** 歩行者天国
● **el parque de Hibiya** 日比谷公園 ● **el Hotel Imperial** 帝国ホテル ● **la estación de Tokio** 東京駅
● **el centro comercial** ショッピングモール

4 Ejercicios de conversación e interpretación 　会話練習と通訳練習

⬇ 77 ⏺ 2-29

① p.7 の「使い方」を参考に、会話練習をしましょう。
② 反復練習（リピーティングとシャドーイング）をしましょう。
③ 通訳練習をしましょう。

E. : ¡Hola!, ¿puedo ayudarle en algo?

T. : Sí, por favor. Quiero ir a Ginza, pero no sé cómo ir.

E. : Ahora estamos en el control de acceso a los andenes de la línea Marunouchi en la estación de Shinjuku. Mire, esa es la máquina expendedora de billetes. Compre uno de 200 yenes.

T. : (¿Puedo tomar cualquier tren?)

E. : Sí. Nada más pasar por el control de acceso al andén, encamínese hacia el número 2 para Ginza.

T. : ¿Cuánto tiempo se tarda?

E. : Pues, 16 minutos. A propósito, ¿por dónde quiere pasear?

T. : Quiero ir a (los grandes almacenes Mitsukoshi).

E. : Bueno, entonces diríjase a la salida A7 o a la A8 y suba por la escalera. Allí se encuentra un puesto de policía, que en japonés se llama "*Koban*". Pregúntele a un policía, por favor.

T. : Vale. Muchas gracias por su ayuda.

E. : De nada. ¡Que tenga un buen día!

Entrada a los grandes almacenes El Corte Ingrés en Madrid a principios de enero ambientada con decoración infantil
子ども用に飾りつけられた1月初頭のマドリードのデパート、エル・コルテ・イングレスの正面入り口

Libro de gramática inglesa

María José es una joven universitaria que lleva estudiando inglés dos años en la Universidad Complutense de Madrid.

Un día fue a una librería que está cerca de la Puerta del Sol para comprar un libro de gramática inglesa de nivel intermedio. Entró y preguntó a un dependiente que dónde estaba la estantería de los libros de gramática inglesa. Él le contestó: "Esos libros están en la sección de los idiomas. **Vaya** recto y **gire** a la derecha al llegar a la sección de arte. Allí los encontrará."

Cuando María José estaba ojeando unos libros, se le acercó una anciana y le preguntó que dónde se encontraban los libros de bordado. "Lo siento, no sabría decirle. **Pregunte** usted al dependiente que está en la caja" –le contestó.

María José volvió contenta a casa porque pudo encontrar un libro apropiado, que le costó 15 euros.

● **la Universidad Complutense de Madrid** マドリードコンプルテンセ大学 ● **llevar** ＋現在分詞 〜し続けている ● **la gramática inglesa** 英語の文法 ● **el nivel intermedio** 中級 ● **el dependiente** 店員 ● **la estantería** 本棚 ● **girar a la derecha** 右に曲がる ● **ojear** 〜に目を通す ● **el bordado** 刺繍（ししゅう） ● **No sabría decirle.** わかりかねます。（過去未来形を使った丁寧な表現） ● **la caja** レジ

コラム

Los Reyes Magos　東方の三賢人

　スペインでは、12月8日の無原罪の聖母マリアの祝日 la Inmaculada Concepción に、イエス誕生にちなんだ馬小屋の模型、馬槽（うまぶね）el nacimiento, el belén が教会、店、一般家庭の窓辺に飾られます。大手デパートのエル・コルテ・イングレス El Corte Inglés の正面のウインドウにはこの馬槽がいくつも並び、買い物客の目を楽しませてくれます。

　12月22日のクリスマス宝くじ la Lotería de Navidad の抽選日、24日のクリスマスイブ la Nochebuena と25日のクリスマス la Navidad、そして大みそか la Nochevieja を祝った後、新年 el Año Nuevo を迎えると、1月5日には各地の大通りで、東方の三賢人 los Reyes Magos（イエスの誕生を祝って贈り物を持ってきたといわれる）のパレード la cabalgata が行われます。三賢人と、色鮮やかな天使の衣装を着た女性や子どもが乗った山車（だし）la carroza が一日中、キャンディ los caramelos をばらまきながらパレードします。

　1月6日は幼子イエス el Niño の誕生にちなんで、三賢人が贈り物を持ってやってきた公言祭の日 la Epifanía です。子どもたちはおもちゃやゲームなどのプレゼントを受け取るのを楽しみにしています。そして、家族でロスコン el roscón というパウンドケーキを食べるのですが、どこかに入っている幼子イエスを模した小さな人形 la figurita が誰に当たるのかをみんな楽しみにしています。人形が当たった人は幸運に恵まれると信じられています。

Llamada telefónica para buscar un intérprete

通訳依頼の電話

内容　通訳ガイドを派遣するタナカインターナショナルの Paco から、Emi に仕事の依頼の電話がかかってきて、条件について交渉します。

文法　条件文

● Diálogo ▍ 会話 ▍ 浅草寺に案内してもらえますか？　　⬇ 79 ⚪ 2-31

Emi, hablando por teléfono en casa

Paco : Por favor, ¿la señorita Emi Ando?

Emi : Sí, soy yo. Dígame.

Paco : Soy Paco, de "Tanaka International".

Emi : ¡Ah, es usted! ¡Hola, buenas tardes!

Paco : Un turista español quiere visitar el Templo Sensoji el martes que viene y estamos buscando una guía e intérprete. ¿Estaría usted disponible?

Emi : Sí, estaré disponible el próximo martes.

Paco : Permítame hacerle una pregunta, ¿cuál es su tarifa?

Emi : Mi tarifa es la siguiente:10.000 (diez mil) yenes, si es media jornada, y 20.000 (veinte mil), si es jornada completa.

Paco : De acuerdo. Si el tour excede de 8 horas, le pagaremos un suplemento de 3.000 (tres mil) yenes por cada hora extra. ¿Está bien así?

Emi : Muy bien, estoy de acuerdo.

Paco : Bueno, entonces acuda al Hotel Sakura el próximo martes. Se encontrará con el Sr. López a las 8 de la mañana en el vestíbulo del edificio principal.

Emi : Entendido. Si el Sr. López no aparece a esa hora, lo llamaré por teléfono. ¿Qué piensa hacer el Sr. López después de visitar el Templo Sensoji?

Paco : Quiere almorzar en Ginza y hemos hecho una reserva en un restaurante de *tempura*. Acompáñele, por favor. Después de comer, él quiere comprar unas perlas para su señora.

Emi : Muy bien. Yo conozco algunas tiendas de perlas cultivadas de calidad. Lo acompañaré a alguna de ellas.

Paco : Vale. De todas formas, estaremos en contacto.

📖 Vocabulario 語彙

● la llamada telefonica 電話 ● el/la guía e intérprete 通訳ガイド ● el Templo Sensoji 浅草寺 ● estar disponible 都合がつく ● permitirse ＋不定詞 ～させていただく ● hacer una pregunta / hacer preguntas 質問する ● la media jornada 半日 ● la jornada completa 一日 ● el suplemento 追加料金 ● por cada hora extra 1時間超過するごとに ● el vestíbulo del edificio principal 本館ロビー ● hacer una reserva 予約する ● las perlas cultivadas 養殖真珠 ● de calidad 質のよい ● de todas formas ともかく (= de todos modos / de todas maneras) ● estar[seguir] en contacto 連絡を取る

〈肯定の命令文 ＋ 人称代名詞〉：動詞の語尾に人称代名詞をつける

Acompáñele, por favor.　彼とご一緒においでください。

---

① Gramática 📖 文法

条件文　oraciones condicionales con el nexo SI

① 実現性のある条件文 〈Si ＋ 直説法現在 , 直説法現在／直説法未来〉

Si el Sr. López no **aparece** a esa hora, lo **llamaré** por teléfono.

もしロペス氏がその時間に現れなければ、私は彼に電話するつもりです。

② 実現性のない条件文

● 現在の出来事で実現性がない場合 〈Si ＋ 接続法過去 , 過去未来〉

Si el tour **excediera** de 8 horas, le **pagaríamos** 3.000 yenes por cada hora extra.

もしツアーが8時間を越えるなら、1時間につき3,000円を支払うのですが。

Si yo **viajara** por España, **visitaría** Toledo y Segovia.

もし私がスペインを旅行するなら、トレドとセゴビアを訪れるのですが。

● 過去の出来事で実現しなかった場合 〈Si ＋ 接続法過去完了 , 接続法過去未来完了〉

Si el tour **hubiera excedido** de 8 horas, le **habríamos pagado** 3.000 yenes por hora extra.　もしツアーが8時間を越えていたなら、1時間につき3,000円を支払ったのですが。

Si este verano no **hubiera hecho** tanto calor, **habría salido** todos los días.

もし今年の夏がそれほど暑くなければ、私は毎日外出したのですが。

● 実現性がない過去と現在の場合 〈Si ＋ 接続法過去完了 , 直説法過去未来〉

Si ustedes **hubieran estudiado** más antes del verano, ahora no **se arrepentirían** tanto de sus malas notas.　もしあなたたちが夏の前にもっと勉強していたなら、今それほど成績の悪さを後悔しないでしょう。

③ 再帰動詞を用いた文章の条件文 （再帰代名詞 me, te, se, nos, os, se を動詞の前に置く）

● 実現性がある場合

Como hoy hace mucho frío, si no **te pones** el abrigo, **te resfriarás**.

今日はとても寒いので、君はコートを着ないと風邪をひくよ。

● 現在の出来事で実現性がない場合

Si **te miraras** bien en el espejo, **te darías** cuenta de que estás despeinado.

もし君が鏡で自分の顔をよく見れば、髪が乱れていることに気付くでしょう。

● 過去の出来事で実現しなかった場合

Si no **te hubieras encontrado** mal ayer, **habríamos salido** de compras.

もし昨日君の調子が悪くなかったら、私たちは買い物に出かけたでしょう。

Ejercicios 練習問題

(）内の動詞を適切な形に活用させましょう。

⑴　Si yo estudio más, (**conseguir** 　　　　　　) una beca.

⑵　Si yo (**estudiar** 　　　) en España, ahora hablaría español muy bien.

⑶　Si estuviera Gónzalo aquí, (**poder asistir** 　　　　) a la fiesta.

⑷　Si tú (**visitar** 　　　) a tus abuelos, ellos se pondrían muy contentos.

⑸　Si usted va a Barcelona, (**visitar** 　　　) el museo Picasso.

⑹　Si él hubiera tenido novia, no (**ir** 　　　) a España entonces.

⑺　Si vosotros hubierais asistido a clase aquel día, (**aprobar** 　　　) el examen.

Composición 作文

スペイン語にしましょう。

1.　もし僕がロサ（Rosa）に会ったら、宿題を手伝おう。

2.　君がもし早起きできたら、レアル・マドリードの試合が見られるのになあ。

3.　もしあの日マリアと私がスペイン料理店に行ったなら、私たちはパエーリャを食べていたでしょう。

4.　もし彼らが元気だったなら、一緒に旅行したのになあ。

5.　もし私たちが道を間違えなければ、約束の時間に間に合っていたでしょう。

① 次の質問に答えましょう。

(1) ¿A quién busca Paco?

(2) ¿Está Emi disponible?

(3) ¿Cuál es la tarifa de Emi?

(4) ¿Aceptó Paco la tarifa de Emi?

(5) ¿Cuánto paga Paco si el tour excede de 8 horas?

(6) ¿Dónde se encontrará Emi con el Sr. López el martes que viene?

(7) ¿Si no aparece el Sr. Lopez, qué va a hacer Emi?

(8) ¿Qué quiere hacer el Sr. López después de visitar el Templo Sensoji?

② **Diálogo** を参考にして、自分にあてはめて（　　　）の中に語句を入れるか（　　　）の中の動詞を適切に活用させ、[　　　]内の語句を選択しましょう。

(1) Si yo (**ser**　　　　　　　) intérprete, yo [**aceptaría / no aceptaría**] la propuesta del Sr. Tanaka.

(2) Si estuviera libre, le (**contestar**　　　　　　　) que sí al Sr. Tanaka.

(3) Mi tarifa es de (　　　　　　　) yenes por media jornada y (　　　　　　) yenes por jornada completa.

(4) Si no aparece el turista, yo (　　　　　　　　　　).

(5) Si (**trabajar**　　　　　　) como intérprete, lo llevaría a (　　　　　　) en lugar de ir al Templo Sensoji.

(6) Después de visitar el Templo Sensoji, yo le recomendaría (　　　　　　　) para comer.

(7) Después de comer, lo llevaría a (　　　　　　　) para comprar regalos.

📖 **Palabras relacionadas**　関連用語　⬇ 82 ⭕ 2-34

● **la joyería** 宝石店 ● **la juguetería** 玩具店 ● **la tienda de recuerdos** 土産物店
● **la agencia de viajes** 旅行代理店 ● **la oficina de turismo** 観光案内所
● **el autocar** 観光バス、長距離バス ● **la temporada de turismo** 観光シーズン

4 **Ejercicios de conversación e interpretación** ▎ 会話練習と通訳練習

↓ 83 ◯ 2-35

① p.7 の「使い方」を参考に、会話練習をしましょう。
② 反復練習（リピーティングとシャドーイング）をしましょう。
③ 通訳練習をしましょう。

P. : Oiga, ¿es usted la señorita Emi Ando?

E. : Sí, dígame.

P. : Soy Paco, de "Tanaka International".

E. : ¡Ah, es usted! ¡Hola, buenas tardes!

P. : Un turista español quiere visitar el Templo Sensoji el martes que viene.
Estamos buscando una guía e intérprete. ¿Estaría usted disponible?

E. : Sí, (estaré disponible el próximo martes).

P. : A propósito, ¿cuál es su tarifa?

E. : Mi tarifa es de (10.000) yenes por media jornada y (20.000), por jornada completa.

P. : De acuerdo. Entonces acuda al Hotel Sakura a las 8 de la mañana del martes que viene. Se encontrarán en el vestíbulo.

E. : Entendido. Si el Sr. López no aparece a esa hora, (lo llamaré por teléfono). ¿Qué piensa hacer el Sr. López después de visitar el Templo Sensoji?

P. : Va a almorzar en Ginza. Luego él quiere comprar un regalo para su señora.

E. : Muy bien. Yo conozco unas tiendas de (perlas). Lo acompañaré a alguna de ellas.

P. : Vale. Seguimos en contacto.

Desayuno continental
コンチネンタル・ブレックファスト

Panadería y repostería
パンとペストリーの店

Las vacaciones de primavera

Un grupo de estudiantes está en una cafetería de la universidad hablando sobre sus notas.

Miguel, al que han suspendido en Historia de Europa, dice: "Si **hubiera estudiado** más en el segundo semestre, ahora no **tendría** que hacer tantos deberes."

Javier ha sacado buenas notas y lo consuela: "Oye, todavía faltan dos semanas para que puedas terminarlos. No te preocupes."

Javier visitará a sus abuelos, que viven en las afueras de Barcelona, durante las vacaciones. Él es su nieto favorito y, como siempre, lo acogerán con mucho cariño.

Carmen planea visitar París durante las vacaciones y está muy alegre. Ella quiere visitar la Torre Eiffel, el Museo del Louvre y Montmartre. "Si **encuentro** un buen perfume en los grandes almacenes, lo **compraré** como recuerdo", dice Carmen a sus amigos.

Miguel ya se va porque tiene que hacer los deberes. Si **hubiera aprobado** el examen de Historia de Europa, ahora **tendría** más tiempo libre para divertirse con sus amigos.

- **suspender** 〜を落第させる、単位を落とす ● **la Historia de Europa** ヨーロッパ史
- **sacar buenas notas** いい成績をとる ● **las afueras de Barcelona** バルセロナ郊外
- **como siempre** いつものように ● **acoger** 〜を受け入れる ● **la Torre Eiffel** エッフェル塔
- **el Museo del Louvre** ルーブル美術館 ● **Montmartre** モンマルトル ● **los grandes almacenes** デパート

コラム

Expresiones de difícil traducción　訳しにくい表現

　ビジネス上、スペイン語と日本語でコミュニケーションするとき、うまく伝わらない表現があります。一番難しいのは、日本人はまず状況を説明し最後に結論を言いますが、スペイン人は結論を先に知りたがることです。日本人が回りくどい表現で説明していると andar con rodeos、スペイン人は ¿Sí o no?「イエスかノーか？」としびれを切らしています impaciente。通訳としてはタイミングよく oportunamente、日本人に結論を促す必要があります。

　日本側はよく「善処します」Nos disponemos a tomar medidas. とか、「前向きに検討します」Consideramos positivamente. という表現を使いますが、実際は期待できない場合があり、「あまり期待しないように」No tenga grandes esperanzas と伝えることもあります。

　日本人が頻繁に使い、かつ最もスペイン語に訳しにくい言葉のひとつは、「よろしくお願いします」です。挨拶のときなら Mucho gusto. で、話の終わりなら「今後も連絡を取り合いましょう」Seguimos en contacto. となります。その場の状況でさまざまなスペイン語の表現が必要になる言葉です。「お疲れさま」は直訳して Gracias por su trabajo. と言うと通じますが、スペイン語では Gracias. です。また、「どうも」もさまざまに解釈できる言葉で、Hola, ¿Qué tal? / Gracias. / De nada. 等を使います。曖昧な表現が多い日本語と、意思表示がはっきりしたスペイン語をどのように近づけるかは大きな課題 la gran tarea です。

En el Templo Budista de Sensoji

浅草寺で

内容	Emi は Sr. López を浅草寺に案内し、この寺の起源などを説明します。
文法	接続法過去、接続法過去完了

Diálogo　会話　漁師が隅田川で見つけた観音像を祀りました　85　2-37

En frente de la Puerta del trueno

Emi : Sr. López, la historia del Templo Sensoji se remonta al siglo VII (siete). Según la tradición local, este templo se construyó después de que dos pescadores hubieran encontrado una pequeña estatua de Kannon, el dios budista de la merced, en el río Sumida. Después de eso, la gente local le dedicó un pequeño templo.

Sr. López : Emi, quiero que me expliques qué es esta linterna.

Emi : Esta linterna grande simboliza la "Puerta del trueno". Fue construida a mediados del siglo X (diez). Los dioses del trueno y del viento nos protegen de las calamidades.

Sr. López : Gracias por la explicación. ¡Vaya, cuántos comercios hay aquí!

Emi : Esta zona se llama la calle Nakamise. Aquí hay unas 90 tiendas.

Sr. López : A propósito, ¿qué es aquello?

Emi : Es *omikuji*, el oráculo escrito. ¿Quiere probar a ver qué le dice? Saque el palito que más le guste de esta caja.

Sr. López : Vamos a ver, éste.

Emi : Mira, es el número 15. Es una gran dicha. Si sale un oráculo de mala suerte, hay que atarlo en una rama del árbol para que se pueda esquivar la mala suerte.

Sr. López : ¡Ah!, ahora entiendo. Me extrañaba que el árbol estuviera lleno de papeles. Oye, Emi, ¿por qué la gente se está ahumando con el incienso?

Emi : Es para curar sus enfermedades. Mire, Sr. López, esta sala principal se construyó en el siglo XVII (diecisiete), pero fue destruida durante la guerra y se reconstruyó en el siglo XX (veinte). En ella guardan la imagen del dios budista de la merced.

Sr. López : ¡Qué maravilla!

📖 Vocabulario 　語彙

● el Templo Budista de Sensoji / el Templo Sensoji 浅草寺 ● la Puerta del trueno 雷門
● en frente de ～の正面に ⇔ detrás de ～の後ろに ● remontarse a ～にさかのぼる ● Kannon 観音
● el dios / la diosa budista de la merced 観世音菩薩* ● la estatua de Kannon 観音像
● el río Sumida 隅田川 ● la linterna 提灯 ● a mediados de ～の中ごろに ● los dioses del trueno y
del viento 雷神と風神 ● la calamidad 災害 ● la calle Nakamise 仲見世 ● el oráculo escrito おみくじ
● el palito 細い棒 ● la gran dicha 大吉 ● el buen auspicio 吉 ● esquivar la mala suerte 凶をよける
● ahumarse con el incienso 煙を体に振りかける ● la sala principal 本堂

*観世音菩薩は本来男性であったと考えられるが、観音菩薩信仰が東シナ海域まで広まるにつれ、次第に女性と見られるようになった。

1　Gramática 　文法

接続法過去、接続法過去完了　pretérito imperfecto/pretérito pluscuamperfecto de subjuntivo

① 主節の動詞が過去形で、従属節に接続法が必要な場合 → 従属節に接続法過去を用いる

● 名詞節 oración sustantiva

Le dije que me extrañaba que el árbol **estuviera** lleno de papelitos blancos.

私は木が白い紙でいっぱいなのが不思議だったと彼／彼女に言いました。

Era natural que ellos no **conocieran** a aquel actor porque eran muy jóvenes.

彼らはとても若かったので、あの俳優を知らなかったのは当然です。

● 形容詞節 oración de relativo

Necesitábamos una niñera que **cuidara** a los niños.

私たちは子どもたちの世話をするベビーシッターを探していました。

Ellos buscaban un tour que **recorriera** el centro de Gran Canaria.

彼らはグランカナリア島の中心街をめぐるツアーを探していました。

● 副詞節 oración adverbial

Los Señores López compraron unos juguetes para que sus nietos **estuvieran** contentos.

ロペス夫妻は孫たちが満足するようにおもちゃを買いました。

Él trabajó mucho con la condición de que le **subieran** el sueldo.

給料が上がることを条件に、彼は一所懸命働きました。

② 従属節が主節の時点よりも過去の場合（直説法過去＋接続法過去完了）→ 従属節に過去完了を用いる

No sabía que tú no **hubieras visto** al dios budista de la merced.

君が観音様を見たことがなかったのを知りませんでした。

Este templo se construyó después de que dos pescadores **hubieran encontrado** una
pequeña estatua de Kannon.　この寺は、2人の漁師が小さな観音像を見つけた後に建てられました。

③ 婉曲（丁寧な表現）

Quisiera dirigirles unas palabras en nombre de nuestra universidad.

私たちの大学を代表して一言ご挨拶を申し上げます。

Ejercicios 練習問題

（　　）内の動詞を適切な形に活用させましょう。

(1) Yo quería que ellos (**regresar**   ) antes de anochecer.

(2) Tú no creías que la leyenda del templo (**ser**   ) verdadera.

(3) Nosotros buscábamos un estudiante que (**ayudar**   ) al profesor.

(4) Emi explicó la leyenda de los pescadores para que el Sr. López
   (**conocer**   ) bien la historia del templo.

(5) Ellos participaban en las actividades de voluntariado mientras (**haber**   )
   damnificados.

(6) Ayer nosotros salimos de la universidad antes de que (**empezar**   ) a
   llover.

(7) Me gustaría que María (**invitarme**   ) a la fiesta de su cumpleaños.

(8) Quisiera que usted (**corregir**   ) mi composición.

Composición 作文

スペイン語にしましょう。

1.　私はパブロ（Pablo）が私にスペイン語の辞書を持ってきてほしかった。

2.　君は宿題を昨日までに終えるのは不可能でした。

3.　私たちは去年サッカー部で、スペイン語を話すアシスタントを探していました。

4.　私の大学のバスケットチームが試合に負けて残念でした。

① 次の質問に答えましょう。

(1) ¿Qué encontraron los pescadores en el río Sumida en el siglo VII?

(2) ¿Cómo se llaman los dioses de la "Puerta del trueno"?

(3) ¿Cúantas tiendas hay en la calle Nakamise?

(4) ¿Para qué ata la gente los oráculos de mala suerte a las ramas del árbol?

(5) ¿Por qué la gente se ahuma con el incienso?

(6) ¿En qué siglo se reconstruyó la sala principal?

(7) ¿Qué se guarda en la sala principal?

② **Diálogo** を参考にして、自分にあてはめて（　　）の中に語句を入れるか適切に活用させ、[　　]内の語句を選択しましょう。

(1) Yo [**conozco / no conozco**] el Templo Budista de Sensoji.

(2) [**Me gustaría / No me gustaría**] visitarlo.

(3) Cuando rezo en un templo, yo echo normalmente (　　　　　　) yenes en la caja de limosnas.

(4) Yo rezo para (　　　　　　　　　　　　).

(5) Yo [**he probado / no he probado**] el oráculo escrito.

(6) Si me saliera un oráculo de mala suerte, lo (**atar**　　　　) a la rama de un árbol.

(7) Yo [**me ahumo / no me ahumo**] con el incienso cuando visito un templo.

📖 **Palabras relacionadas** ▌関連用語　　　⬇88 ⏺2-40

● **el politeísmo** 多神教 ● **la oración / el rezo / las devociones** 祈祷 ● **las escrituras budistas** 仏典 ● **las galletas de arroz** せんべい ● **sacar buenas notas** いい点を取る ● **viajar por España** スペインを旅行する ● **estar feliz** 幸せでいる

4 Ejercicios de conversación e interpretación 会話練習と通訳練習

⬇ 89 ⏺ 2-41

① p.7 の「使い方」を参考に、会話練習をしましょう。
② 反復練習（リピーティングとシャドーイング）をしましょう。
③ 通訳練習をしましょう。

E. : Sr. López, ¿conoce el origen de este templo? Dos pescadores encontraron una estatua de Kannon en el río Sumida en el siglo VII, y la gente le dedicó un pequeño templo.

L. : Bien, Emi. También me gustaría que me explicaras qué es esta linterna.

E. : Esta linterna grande simboliza la "Puerta del trueno".
En ella los dioses del trueno y del viento nos protegen de las calamidades.

L. : Gracias. ¡Cuántos comercios!

E. : Esta zona se llama la calle Nakamise. Aquí hay unas 90 tiendas.

L. : Yo quiero comprar (unas galletas de arroz) para mi familia.

E. : De acuerdo. Por cierto, Sr. López, ¿quiere probar el *omikuji*?

L. : Sí, quiero probar mi suerte.

E. : Saque el palito que más le guste de esta caja. Mire, es el número 15. Es una gran dicha.

L. : (¡Muy bien!) Emi, la gente está ahumándose con el incienso. ¿Para qué lo hace?

E. : Es para curar sus enfermedades y para estar sano.

L. : Bueno, yo también quiero purificarme. Ahora estoy muy (sano), ¿verdad?

Fachada del Ayuntamiento en la Plaza Mayor
de Salamanca　サラマンカのマヨール広場の市庁舎正面

Plaza de Cataluña, en Barcelona　バルセロナのカタルーニャ広場

El matrimonio de Felipe VI

El Palacio Real de Madrid, conocido también como el Palacio de Oriente, es uno de los monumentos más hermosos de Madrid. Durante el dominio árabe, en ese lugar edificaron un alcázar, pero después de que los cristianos **hubieran reconquistado** Madrid a los musulmanes en el siglo XI, se convirtió en Real Alcázar. El edificio actual fue construido sobre los cimientos del antiguo alcázar, tras el incendio que sufrió en 1734. En la actualidad el Palacio Real se usa solo para actos oficiales.

El Rey actual es Felipe VI, que subió al trono en 2014 tras la abdicación de su padre, el Rey Juan Carlos. La Reina Letizia, su esposa, era locutora de informativos de Televisión Española (TVE).

Don Juan Carlos no **era partidario de** que su hijo **se casara** con una mujer que no era de estirpe real y que, además, estaba divorciada. Para que Letizia **llegara a convertirse en** un miembro más de la Familia Real Española, el entonces Príncipe Felipe tuvo que insistir ante su padre, e incluso declaró que, si era necesario, renunciaría a la corona para casarse con Letizia. Y así pudo convencer a Don Juan Carlos.

- **el Palacio Real de Madrid**（マドリードの）王宮 ● **el Palacio de Oriente** オリエンテ宮 ● **durante el dominio árabe** アラビア人の支配の間 ● **el alcázar** アラビア風王宮 ● **reconquistar** 再征服する ● **el Real Alcázar** スペイン王室のアラビア風宮殿 ● **los cimientos** 基礎 ● **en la actualidad** 現在 ● **el acto oficial** 公式行事 ● **subir al trono** 王位につく ● **la locutora de informativos de Televisión Española**（**TVE**）スペイン国営テレビのニュースキャスター［女性］ ● **el / la partidario/a** 支持者 ● **la estirpe real** 王家の血統 ● **la Familia Real Española** スペイン王室 ● **renunciar a la corona** 王位を放棄する

コラム

El botafumeiro　提げ香炉

　スペイン北西部のガリシア州の州都 la capital de la Comunidad Autónoma de Galicia、サンティアゴ・デ・コンポステラ Santiago de Compostela に、サンティアゴ・デ・コンポステラ大聖堂 la catedral de Santiago de Compostela があります。9世紀にキリストの12人の使徒 los Apóstoles の一人使徒ヤコブ el Apóstol Santiago の墓が発見されたことを契機に建てられました。この中に高さ1.5m、重さが60kg近くある巨大な提げ香炉 el botafumeiro が置かれています。世界遺産 el Patrimonio Mundial に登録されている巡礼路 el camino de Santiago（de Compostela）の最終目的地です。ヤコブはその後スペインの守護聖人 el patrón de España になりました。殉教者 el martirio ヤコブの日である7月25日は、ガリシア民族の日 el día de Galicia になっています。2010年は、罪びとを許すという聖ヤコブの聖年 el Año Santo Jacobeo で、盛大に祭りが行われました。

　北東部から1か月以上かけてたどり着く巡礼者 el peregrino は、大聖堂に祀られている聖ヤコブ像の肩に手を置いて、旅の無事に感謝します。巡礼者のためにミサ la misa が開かれ、長旅を終えた巡礼者の悪臭を消すために提げ香炉が使われます。天井から吊り下げられている提げ香炉のロープを、男性たちが全身の力をこめて振り動かし、巡礼者に煙を振りかける清めの儀式 el acto de purificación を行います。

Vocabulario relacionado ● 発展用語

Lección 1 ● Autopresentación　自己紹介

【地域】● la calle Condal / el casco antiguo 旧市街　● el catalanismo カタルーニャ自治主義
● la Plaza de Cataluña カタルーニャ広場

Lección 2 ● En una cafetería　カフェテリアで

【飲み物】● el té helado[frío] / el té con hielo アイスティー　● el té con leche ミルクティー
● el café コーヒー　● el café cortado コルタド（ミルクを少し入れたコーヒー）
● el café con leche カフェオレ　● la horchata オルチャタ（カヤツリグサから作る清涼飲料水）
● la infusión de hierbas / la tisana ハーブティー　● la manzanilla カモミールティー
● la tila ティラ（シナノキのお茶）● la menta ミントティー　● la limonada レモネード
● el zumo / el jugo ジュース　● la naranjada オレンジエード

Lección 3 ● Contemplación de las flores de cerezo　お花見

【花】● el clavel カーネション　● la camelia 椿　● la azalea つつじ，さつき
● el tulipán チューリップ　● la violeta すみれ　● la rosa バラ　● la hortensia あじさい
● la magnolia モクレン　● el dondiego de día アサガオ　● el girasol ひまわり
● el narciso すいせん　● el crisantemo 菊　● el pensamiento / la trinitaria パンジー
● la poinsetia ポインセチア（一般的には la flor de Navidad / la flor de Pascua）
● el ciclamen / el ciclamino シクラメン

Lección 4 ● Ir de compras　買い物に行く

【買い物】● la bolsa de la compra 買い物袋　● la bolsa ecológica[reutilizable] エコバッグ
● pagar a plazos 分割で払う

Lección 5 ● *Sushi* en un mostrador giratorio　回転寿司

【寿司】●（preparar）el arroz envinagrado 酢飯（を作る）　● la bola de arroz envuelta
con pasta de soja frita いなり寿司　● la preparación 仕込み　● los ingredientes del
sushi 寿司ネタ　● el nabo (japonés) rallado 大根おろし　● hacer[preparar] caldo だし汁
を取る（el caldo だし）● el queso[la cuajada] de soja 豆腐　● la cebolleta あさつき，わけぎ
● el puerro ポロねぎ，長ねぎ　● la ajedrea しそ

Lección 6 ● El fútbol　サッカー

【サッカー】●el arco / la portería ゴール　●el volante ボランチ　●el líbero リベロ
●el árbitro 審判　●el linier 線審, ラインズマン　●el goleador ポイントゲッター, ストライ
カー●el máximo goleador 得点王　●dar una asistencia アシストする（la asistencia アシスト）
●el estadio スタジアム　●el equipo チーム　●la Primera [Segunda/Tercera] División
1部［2部／3部］リーグ　●la selección nacional ナショナルチーム, 選抜
●el campeonato リーグ戦, 選手権　●la competición 大会　●el torneo トーナメント
●la pretemporada / el partido no oficial オープン戦　●la eliminatoria 予選
●la primera ronda 1回戦　●los cuartos de final 準々決勝　●la semifinal 準決勝
●la final 決勝　●la repesca 敗者復活戦　●marcar[meter] un gol / golear ゴールを決める,
得点する　●amonestar 警告する（la amonestación 訓戒処分）　●la expulsión 退場
●la lesión / la contusión けが　●protestar 抗議する（la protesta 抗議）

Lección 7 ● En el tren　電車で

【鉄道】●el primer tren 始発列車　●el último tren 最終列車　●la (estación) terminal
終着駅

Lección 8 ● En una posada japonesa　旅館で

【旅館の食事】●el huevo frito 目玉焼き　●los huevos revueltos スクランブルエッグ
●el huevo pasado por agua 半熟玉子　●el pescado asado 焼き魚
●las tapas de cortesía お通し

Lección 9 ● El Santuario Sintoísta de Meiji　明治神宮

【神社】●la veneración a la naturaleza y el politeísmo 自然と多神教崇拝
●el favor divino 御利益　●la pequeña placa de madera para escribir un deseo 絵馬
●el amuleto お守り

Lección 10 ● En un bar　バルで

【食卓用】●el aceitero（オリーブオイルの）油差し　●la vinagrera 酢の小瓶
●las vinagreras 調味料入れ　●el salero 塩入れ　●el azucarero 砂糖つぼ

Lección 11 • Una anécdota sobre los Juegos Olímpicos en Japón　オリンピック秘話

【スポーツ】● el atletismo 陸上競技　● el baloncesto バスケットボール　● el béisbol 野球

● el sóftbol ソフトボール　● el balonmano ハンドボール　● el ciclismo 自転車競技

● la natación 水泳　● el boxeo ボクシング　● la gimnasia 体操　● la natación

sincronizada シンクロナイズドスイミング　● el trampolín トランポリン　● la equitación 乗馬

● el tenis de mesa 卓球　● la esgrima フェンシング　● el tiro 射撃　● el arco アーチェリー

● el triatlón トライアスロン　● el remo ボート

● la lucha grecorromana（上半身のみで戦うグレコローマンスタイルの）レスリング

● el levantamiento de peso 重量挙げ　● el patinaje artístico フィギュアスケート

● el patinaje de velocidad スピードスケート　● la combinada nórdica ノルディック複合

● el trineo ligero / el luge リュージュ

Lección 12 • El tren bala japonés　新幹線

【京都の観光地】● el Palacio Imperial de Kioto 京都御所

● el Templo (de) Sanjusangendo 三十三間堂

● el Santuario (de) Heianjingu 平安神宮

Lección 13 • ¿Cómo puedo ir a Ginza?　銀座への行き方

【銀座の店】● la boutique［仏］ブティック　● la pastelería ケーキ店　● la confitería 菓子店

Lección 14 • Llamada telefónica para buscar un intérprete　通訳依頼の電話

【ホテルの職業】　● el botones / el mozo ベルボーイ（ホテルで宿泊客の荷物を運びタクシーを呼ぶ）

● la camarera ルームメイド（客室係）● el/la conserje コンセルジュ（ロビーで宿泊客にインフォメー
ションを与える）● el/la gerente 支配人

Lección 15 • En el Templo Budista de Sensoji　浅草寺

【お寺】● la puerta Hozomon 宝蔵門　● las escrituras budistas 仏典

● el pebete de incienso 線香　● rezar / orar 祈祷する

¡Ay! ¡Ay!, se me ha caído el vaso. あっ！　コップが落ちてしまった。

¡Ah! ¡Ah!, ahora entiendo. / ¡Ah!, ya entiendo. ああ！　今わかった。

¿Ah, sí? En Japón no se pone azúcar en el té verde ― **¿Ah, sí?**

「日本では緑茶に砂糖は入れません」「あ，そうですか？」

¡Anda! ¡Anda!, hoy no hay clase de español. なんだ！　今日スペイン語の授業は休講だ。

Bueno, ¿Comemos ya? ― **Bueno**. 「もう食べようか？」「いいよ」

¡Bueno, bueno! おやおや！

Bueno, ahora voy a comer camarón. さて，今度はエビを食べよう。

¡Caramba! / ¡Caray!

¡Caramba! El picor del wasabi llega hasta mi nariz.

わぁ！　わさびの辛さが鼻につーんとくる。

¡Claro! Nos vas a animar, ¿verdad? ― Sí, **claro**. (**Claro** que sí.)

「僕らを応援してくれるよね？」「うん，もちろん」

Entonces, **Entonces**, vamos a rezar. それでは，祈ろうか。

¡Estupendo! / ¡Fenómeno! / ¡Fenomenal!

¿Te apetece tomar un helado? ― **¡Estupendo!**

「アイスクリームを食べようか？」「いいね！」

¡Fíjate! ¡Fíjate!, hay mucha gente bailando. 見て！　たくさんの人たちが踊ってる。

¡Hombre! ¡Pero **hombre**!, ¿has comido el wasabi? まさか！　わさびを食べたの？

¡Mira! ¡Mira!, allí está el Monte Fuji. 見て！　あそこに富士山がある。

¡Oh! ¡Oh!, hay muchas zapatillas en fila. あら！　スリッパがたくさん並んでる。

¡Oye! ¡Oye, Kenji! Hay gente durmiendo. ちょっと，ケンジ！　寝てる人たちがいる。

¡Oiga! ¡Oiga!, ¿cómo puedo ir a Ginza? すみません！　銀座へはどのように行けますか？

Pues, **Pues**, yo te espero allí. ええと，僕はそこで君を待つよ。

Pues bien, **Pues bien**, ¿nos vamos ya? では，もう行こうか？

Perdón, **Perdón**, ¿dónde está la estación? すみません，駅はどこにありますか？

¡Vaya! ¡Vaya!, ya es la hora de ir al seminario. あらまあ！　もうゼミに行く時間だ。

Vale. Nos vemos mañana. ― **Vale**. 「明日会おう」「いいよ」

著者

本間 芳江（ほんま　よしえ）　拓殖大学

安富 雄平（やすとみ　ゆうへい）拓殖大学

Enrique Almaraz Romo（エンリケ・アルマラス・ロモ）早稲田大学，大妻女子大学，拓殖大学

会話と通訳練習で学ぶ中級スペイン語

2020 年 2 月 20 日　第 1 版発行

著　　者──本間芳江
　　　　　安富雄平
　　　　　Enrique Almaraz Romo

発 行 者──前田俊秀

発 行 所──株式会社 三修社

　　　　　〒 150-0001 東京都渋谷区神宮前 2-2-22
　　　　　TEL03-3405-4511　FAX03-3405-4522
　　　　　振替 00190-9-72758
　　　　　https://www.sanshusha.co.jp
　　　　　編集担当　松居奈都

印 刷 所──壮光舎印刷株式会社

装　　幀　──岩井デザイン
本文 DTP　──川原田良一
本文イラスト──小巻マキ
編集協力　──坂口友弥
準拠音声制作──株式会社メディアスタイリスト／有限会社スタジオグラッド
ナレーター　──Emilio Gallego, Emili Ono, Linoa Ono

教科書準拠 CD 発売
本書の準拠 CD をご希望の方は弊社までお問い合わせください。